转型期博物馆的哲学观察

The Museum in Transition: A Philosophical Perspective

［美国］希尔德·S. 海因 著

曹岳森 译　洛阳市文物局 编

译林出版社

图书在版编目（CIP）数据

转型期博物馆的哲学观察 /（美）希尔德·S.海因（Hilde S. Hein）著；曹岳森译；洛阳市文物局编. —南京：译林出版社, 2019.10

书名原文：The Museum in Transition: A Philosophical Perspective

ISBN 978-7-5447-7218-1

Ⅰ. ①转… Ⅱ. ①希… ②曹… ③洛… Ⅲ. ①博物馆事业－研究 Ⅳ. ①G26

中国版本图书馆CIP数据核字(2017)第318308号

转型期博物馆的哲学观察 [美国] 希尔德·S.海因／著 曹岳森／译 洛阳市文物局／编

责任编辑 张 遇
校 对 孙玉兰
责任印制 董 虎
特约编辑 石业青
封面设计 郭 凡

原文出版 Smithsonian Books, 2000
出版发行 译林出版社
地 址 南京市湖南路1号A楼
邮 箱 yilin@yilin.com
网 址 www.yilin.com
市场热线 025-86633278
印 刷 合肥精艺印刷有限公司
开 本 652毫米×960毫米 1/16
印 张 14.75
版 次 2019年10月第1版 2019年10月第1次印刷
书 号 ISBN 978-7-5447-7218-1
定 价 36.00元

目录
CONTENTS

序言

从职业上讲，我是个哲学家，就是语源学上所谓的“智慧的情人”。哲学家们常常与字里行间的抽象概念打交道，通常不擅于实践，喜欢玩世不恭地将物品与事件视为思想的干扰。他们怀疑实践，更喜欢宅于家中从理论上阐明自己；怀疑真理，却又满怀热情地寻求真理。如果没有充分的证据或理论的支持，对于任何事物哪怕是他们自身，哲学家们也不能完全接受。他们中的一些人坦言不信任物质的世界，另一些人则在探索一种具象之外的超验现实以验证物质的世界。大多数哲学家痴迷于观点之间的关系而非实例。那么，为什么会有一个哲学家致力于研究博物馆、关注受历史条件限制的具体实物呢？

我就像喜爱观点一样喜爱实物，它们拥有同样的吸引力，我相信它们并非互不兼容。如我所理解的那样，实物是被具象化了的观点。从哲学角度看，特定的事物，包括其呈现出来的构造、物理形态、行为和事件，都是被实现的思想。它们与通常宣称的典范或者理论性解释的本质构成一样重要。就算把它们称为“宇宙的家具”，事物还是我们原本所见的那样。

思考事物使我从拥有它们的负累中解脱。这个世界整体的复杂性，表现为一个巨大的博物馆、藏宝屋。不断变化的内容反映出定义它的思想，并且该思想要求它不断完善。和这个世界一样，博物馆是表达观点的场所，物品被收藏在这里，蕴含于其中的思想在人与人之间代代相传。博物馆是相对自由和安全的沉思之所。在这里，参观者可以满怀想象地审视物品，分享它们被创造的历史以及被赋予的功能和意义。

我们可能认为博物馆是封存了部分世界的“围城”，在那里，有更多物质的、象征性的、真实的或者虚构的“东西”，却又不是任何有限的头脑都能包容的。严格地说，博物馆就是在物质层面上从事着哲学家们在概念层面所做之事。无论我们将这个世界视为单个的还是多个的，单一的还是复合的，恒定的还是变化的，博物馆都增强了其叙事性。博物馆通过藏品的集合讲述物质世界。哲学家们猜想着世界如何由一而成万千，[1]博物馆则带领我们进入非传统的世界构成方式的现场。

因此，我不会为我对实物世界的明显背叛而致歉，也不会花费太多笔墨去描述或列举它们。参观博物馆总是令我陷入思考，这是一个别样的世界，能让我思考并感受非传统的方式，或许这就是参观博物馆的益处。与哲学一样，博物馆是一条指引我们走出自我的大道。虽然略受物质表现的限制，博物馆仍发挥才智，描述并传播任何可以表达的内容。面对可知的、可行的、可能的、想象得到的，以及可爱的、可怕的甚至卑鄙的挑战，博物馆通过具体的展览，创造出通过哲学领悟来令人愉悦的东西。我认为，博物馆可能也确实加深了人们对哲学的领悟。

博物馆能够塑造出可选项与表象冲突的、最终可能会也可能不会被调和的世界版本之间的关系吗？从对博物馆或博物馆哲学的研究中能得到什么呢？正是这些问题激励着我写作这本书。数十年来，我一直观察博物馆发展的各种变化，这些变化使其能够适应新技术、新认识论以及新一代人群和新藏品。更为重要的是，我注意到，概念层面的“博物馆是什么”正经历着一个变化的过程，其深奥性似乎异乎寻常。本书的标题反映了我的信念：一场概念上的革命正在发生，被博物馆视为基石的根本性前提遭到质疑。不过，本书不是博物馆史，不是必不可少的分析，也不是针对博物馆管理者的启蒙性规范著作，但希望我个人的一些见解能够对他们有用。我的目的是在哲学意义和现实情境中阐明博物馆的概念和变化趋势，我认为这至关重要，它将深深扎根于历史和知识的偶发性事件之中，其中有许多肯定超出了我的研究范围。[2]哲学的任务并非给出具体的建议，而是努力寻求通常隐藏于人类机构运作当中含蓄且未经表述的想法。进行哲学反思的好处是，对于想法的关注和阐明将有助于明智地选择目标，或至少在它们的智力评估方面有着合乎要求的实践计划。我相信，博物馆正在发生的变化必将产生有效的成果，尤其是将重点从以实物为中心转向提升观众体验，由此会产生出新道德、认识论和审美视野，这可能会动摇博物馆发展的根基。

我的想法是次要的。我不会在书中隐藏自己的观点，但这不是一本挑起论战的书，也不盲目崇拜，这是一本探索性的书。我希望弄清楚博物馆世界里正在发生的蜕变，这些蜕变肯定会影响博物馆的构建。

转型期的博物馆所面临的挑战不甚明朗，一方面，博物馆被那些华丽的理论辞藻所粉饰，忽视了其具体缺陷；另一方面，博物馆过分强调即时的紧急情况，不利于探索性的思考。在博物馆里，一些人将目光投向抽象的语义和符号结构，另一些人却沉迷于基本的日常管理和并不完善的通信系统。前者多关心学术，后者更重视实务，处于这两个极端的评论家们在博物馆的生存问题上有着各自的兴趣。双方都合乎情理地赞成博物馆学专家的意见，可两者之间却少有沟通，在很多问题上难以达成一致。[3]

从一些学科的角度来看，博物馆扮演着一个保守的标准化代理者角色，就像概论课程和通行选集那样，令事物客观化，使价值具体化。[4]博物馆被视作权威和身份地位的分配者，但它命名和推崇的权力需要被解构。新兴的文化批评家和博物馆观察家联盟，准备进行史学和解释学的诠释。同时，一个不断成长的训练有素且功能明晰的专业博物馆工作者团队，根据博物馆界各类人群的纲领性目标，坚持独立地训练解构主义者收集、保存、管理藏品的能力。这些人运用不同的语言，时而抽象、时而具体，表达了对不同的本体论和思想意识的洞察力，回答了博物馆是什么、要做什么，以及博物馆所藏物件的意义是什么等方面的问题，这一点尤为重要。因此，博物馆在构造世界的哲学活动中占有一席之地，这些活动既是抽象的也是具体的，既是理论的又是实践的，更不用说它还支撑并反映了权力关系。

可以理解的是，那些强调博物馆功能或某个方面的人之间存在冲突，他们之间的对话一定会比相互蔑视或者敌对使其收获更多。事实上，这些竞争者生活在不同的世界，罕有交集，尽管他们专注于同一机构。依我看，他们之间的差异标志着非传统的感性认知的转换，而非完全不同的观点，本书写作的目标就是为他们开辟会面的通道。我认为，这将重新评估博物馆体验，进而开拓一些未曾探索的领域。我会探讨博物馆是否本应将体验置于首位——若真是这样，那么这一目标又应当在博物馆的传统事务中居何地位。

凭经验来看，博物馆呈现给这个世界的不可能与对博物馆世界的否定或反对相一致。博物馆长期以来所拥有的不就是丰富的资源和展览吗？毫无疑问，是的。但如果这些是体验之目的呢？将藏品描绘成“拥有”体验的工具将会怎样？很明显，作为体验的基础，主观性在博物馆体验中必定拥有卓然的地位。但是，藏品的角色呢？是什么赋予了藏品保管员合法权力？是什么给予了他们多于其他人的个人体验？

最近，一场关于客观性的抗争与诉求席卷博物馆界。到目前为止，对博物馆的主要关注点仍是外在的，毕竟有效的武器总是政治性的。不过我相信，这些争论预示着博物馆身份即将被重构。与对现实独特性和真理多元化的信心普遍减弱的现象相伴的，是多元化意义的推广。通过对时代精神的妥善归类，博物馆对世界构建的影响，已在成功的实践中得以证明。因此，现实世界的真实性只凭令人信服的博物馆观众体验就可以验证。在过去，评估博物馆水准可能很少考虑到其副产品，而如今，这些副产品已处于重要位置。博物馆营造体验的能力，已被作为其存在的理由而得到称颂。博物馆以其所营造的体验的强度和“感受真实”的程度来接受评估。

我会在本书起始章节中快速概述历史，揭示被定义为博物馆的机构不是单一的，而是几个概念性来源的综合体。在“博物馆类型”这一章，我按照藏品收集和组合的不同模式，评估了不同的代表性机构。在我看来，定义机构的主题框架是脆弱的，它们的时空参照在肯定全局性的同时又否认普遍性。只要效用持久，任何一种类型都是好的，而效用是通过可感知的结果来衡量的。当博物馆宗旨改变时，此类机构的分类标准也必定改变。

要真正地理解博物馆，我们应该像研究它的内容那样研究与它相关的人。所以，接下来我将考量博物馆内外的收藏家与诠释者，是他们决定了博物馆的先决条件和多重性意义。我将在“博物馆与社群”这一章讨论一个由一群通过不同历史和不同利益纽带联系起来的人所组成的松散组织。在没有“博物馆实物”的情况下，这个组织的功能性联盟将被完全否定。“博物馆实物”是我持续研究的一个备受争议的主题。

“博物馆实物”和实物的意义是我分析的核心。从哲学与历史的角度看，用这一关键概念来界定一个自主的实体，绝对具有重要的意义和衍生价值。随着时间的推移，独特的客观性不断变质，产生了丰富的释义、影响和体验。我认为，这样的变化在博物馆内外都会带来一定的影响。营造博物馆体验不像照看东西，它要求具备不同的资源和技能，并且在这个过程中会产生不同的优先级。我将由此转探讨价值问题，首先会探讨博物馆如何通过藏品选择来表达它们的主旨；其次，当这一观点分散在博物馆人群的潜在体验里时，是如何被重铸的。

资源配置原则应合理取代积累原则，若要同时满足公众喜好且非取悦个人，就必须关注博物馆在文化体系中的位置。这样，博物馆就不会被视为被动地保护和展示藏品的场所。实际上，博物馆是活力的塑造者和价值的创造者。在理想状态下，博物馆能够引导人们学会根据不断变化的世界之所需进行再学习，这如同我提到的博物馆的伦理功能一样，旨在使体验成熟化，体验不再是一个副产品，而是博物馆的核心使命。事实上，这正是博物馆界当下的口头禅。[5]

我把关于博物馆审美维度的内容放在了最后，这在一定程度上反映了一个事实：审美是哲学领域里最亲近我内心的，也是吸引我从事博物馆研究的首要因素。但更重要的是，我认为，对于博物馆而言，美学理论包含的是一个更为基本的课程，而不是显见的利益，即博物馆必须有审美趣味。在哲学上，美学理论一直在处理主观与普遍性、以部分表达整体以及宇宙与微观世界的关系这些悖论。美学理论始终关注人在意识清醒时的突发性体验以及引发这些体验的东西。审美趣味并不局限于针对美术馆里的艺术品——我认为人们过度关注了它们的影响与地位。反过来，审美关系到整个博物馆界。它是连续性的，叠加了道德义务，而且在任何它存在的地方都有认知上的需求。

最后，本书还要解答一些我对博物馆正在推行的体验式的和多观点导向的疑问。我质疑这一趋势是否仅仅是用新的整体价值简单取代旧的。在一个被设定为促进努力的文化环境里，关注自我体验并不比关注实物更具启示意义。我认为，公开宣告那些限制将会使我们的差异和共识呈现得更深刻、更精确，也更珍贵。这也会引发更深层次的探索。

博物馆现在面临着全方位的可及性问题，不只是标签、扶手、电梯，还有对多感官识别和不情愿谴责或任意宣称合法性的认可。由于主观的局限性，体验在严格意义上是私人的。然而，你不必为了坚持有意义，而要求体验非得是统一的。博物馆正在进行的体验实验还有待改进。我审慎地转向了一个讨巧的方式，放弃了有关备用的（建立在事物的明晰解释上的）世界构建的逻辑论证。体验不是一个孤立的目标，体验引发了一种抵制体验者的状况。顽固的世俗中若无支点以及如果不对分享者加以重视，有效的体验只能是妄想。大规模的遵从不是体验有效性的检验。不管赞成还是不赞成彼此体验世界的方式，我们必须要知道达成共识的原因和方法。我们需要对世界进行不同地构想，这可不是个人体验所具备的功能。在使世界概念化的过程中，作为标志物的事物和博物馆一样居于重要的位置。同样，哲学家们依据他们所理解的事物的存在，试图创造一个世界的替代者。

我所拥有的关于博物馆实践以及博物馆理论建构方面的经验，是通过在博物馆实习和超过二十年的学术研究获得的。通过这两条途径，希望我已经找到了从文化角度思考博物馆的人和通过在博物馆工作来了解博物馆的人之间的共同点。我要感谢那些一直以来同我分享见解和经验的人们。

1976年，我开始痴迷于博物馆美学。当时，我把一个假想的博物馆展览项目分派给我正在教的一个班。巧合的是，圣十字学院视觉艺术系的一名同事获得了当地三个学院和伍斯特艺术博物馆的赞助，在该馆举办一系列合作展览。她邀请我策划其中一个主题为“艺术、科学和工程”的展览。我很快就被这种跨学科的组合所折服。八年后，在一个类似国家人文基金会的组织的赞助下，我在伍斯特艺术博物馆推出了另一个展览——“科学与艺术之间：理解运动”。我要感谢弗吉尼亚·拉甘教授将我引入这个项目，感谢伍斯特艺术博物馆的馆长和职员们，以及许多其他的朋友、学生和同事们，感谢他们在我策划这两个展览时给予我建议和协助。

在同一时期，探索馆的创始人、馆长弗兰克·奥本海默请我撰写一系列有关博物馆展览的文章。我很享受1977—1989年在那里的时光。最终，《探索馆：作为实验室的博物馆》一书出版，这本书检视了开创颇具影响力的博物馆的独特观点。我要感谢许多工作人员，他们在我旷日持久地访问洛杉矶期间，是我的同伴和导师。

随着审美探索这一新路径的提出，我把接下来（1989—1990年在史密森学会研究期间）的安息日假期分为两个阶段，一段时间同马格丽·戈登在国家自然历史博物馆教育部实习，另一段时间与扎哈瓦·多林在研究所做研究。为了这特别的一年，我要感谢他们和他们的同事。我还要感谢伍斯特生态天文博物馆（以前的新英格兰科学中心）的洛伊斯·布赖恩斯和劳拉·迈尔斯，1993年我在他们那儿做了一个夏天的研究。1994—1995年，我有幸在科技协会中心与温迪·波洛克、卡里尔·马什以及他们的同事一起工作，就国家人文基金指导委员会的项目在科学博物馆举办人文讲座。正是这个项目让我接触到许多科学博物馆的内部人员，开辟了与博物馆各个层面的人员沟通、合作的途径。

感谢我的同事和其他美国美学协会的成员们，特别是菲利普·艾帕森、罗纳德·穆尔、阿诺德·伯林特、卡罗琳·科斯梅尔、苏珊·费金、芭芭拉·桑德里瑟和罗伯特·楚库亚马，他们激发了我对博物馆的兴趣，陪我到许多地方访问，为我提供平台，以便我在新的领域发表论文、撰写评论并出版文章；感谢圣十字学院给予的几次假期，以及1995年的学院研究奖，他们还曾多次给予我教工委员会的研究与出版补贴；感谢众多亲友，一直分享着我的博物馆热情，给我提供文章和参考资料以促进我的工作，与我讨论，给我建议、批评，同我争论，并且包容我；感谢诺曼·梅因沃林、阿莱塔·林格罗、简·罗兰·马丁、安妮·斯托尔斯、罗伯特·S.科恩、马克思·瓦托夫斯基、斯蒂芬·韦尔、海伦·惠尔、兰迪·加伯和娜奥米·乔希；还要特别感谢我的文字编辑乔安妮·里姆斯，以及玛丽·切拉索洛、加文·科尔弗和齐亚德·穆萨，没有他们的技术支持，我将一事无成。我写作本书用了相当长的时间，难免会忘记许多帮助过我的人，在此我恳求他们的宽容和谅解。

1 导言：从实物到体验

想象如下事例：

1. 一家小型自然历史博物馆，坐落在一处环境宜人、学术氛围浓厚的社区，其百年来收藏的填充式鸟类和哺乳动物标本如今备受争议。博物馆将它们从公开的展览中撤下，采用交互式计算机展示替换掉空洞的辅助展品，提供了丰富的生物与生态信息。

2. 一家展览空间狭小的纺织博物馆，在陈列服饰时，用视频取代了笨重的立体模型，这些模型展现了家庭式的殖民布生产和劳动密集型的、工业化之前的工具使用情况。博物馆导览视频展示了美国独立战争前的制毡、纺纱和编织工艺。

3. 一家人类学博物馆，发现密封的玻璃箱无法持续保护某些脆弱的泥塑，为使其免遭害虫与污染物的损害，就用一些在视觉上难以区分的塑料模型替代了真品。

4. 一家美术馆，发现部分藏品来历可疑，于是将它们与一些质疑或支持其真实性的文件放在一起，举办特别展览。展品包括学术文件、与管理者相关的往来信件、藏品买卖记录，以及作品诞生、创作过程、所有权和被博物馆接收的证据。[1]

5. 一家美术馆长期收藏的一件珍品被盗，该馆就在该珍品先前展示的位置展出它的图片，并附上一份打印的失窃品说明，阐述该珍品对艺术界的影响。

这些事例有什么共同之处吗？所有这些都表明博物馆珍品的真实性与历史感的消失，还表明了真品被概念性物品替代的事实。这引发了反思：关于博物馆性质、博物馆过去的目的和功能、当前的观众，以及特色藏品的取舍等是什么？这些事例显示了转型期的博物馆状况，它们受到了物质资源、技术、文化情感和意识形态的影响，而博物馆则是一个对这些变化特别敏感的晴雨表。最近几十年，博物馆数量在世界范围内呈现出爆炸性地增长趋势，越来越多的人对博物馆工作产生兴趣。[2]不过，总的来说，参观博物馆的公众仍然只是人口总数的一小部分，通常是一些受过良好教育且经济条件良好的人。

博物馆和它们的支持者以新方法增加观众数量，这是需要考量的诸多变化之一。博物馆一直在努力实现民主化，以在各个层面上更好地回应广大公众的兴趣。这种务实的重建需要对博物馆的基本概念做些含蓄的修正，而在其早期的角色中，这些概念是无须解释、不必变革的。

定义

出于法律和专业的目的，博物馆的概念一直被反复定义。相对权威的是1974年国际博物馆协会所采用的定义："博物馆是一个为社会及其发展服务的、向公众开放的非营利性常设机构，为研究、教育和欣赏之目的，征集、保护、研究、传播并展示人类及其环境的物质及非物质遗产。"

类似的博物馆定义还见于1977年的《博物馆服务法案》："(博物馆是) 公开的或者私有的、具有永久性基础的非营利机构或组织，为基础教育或审美之目的，利用专业人员，拥有或利用有形物品，保管并定期向公众展示它们。"[3]

这些固然是官方的声明，但这些定义的每一项要素，事实上都受到了来自专业内外的质疑。分歧不仅在于博物馆的真正本质是否继续存在，就连什么样的实体可被恰当地视为博物馆也引发争议。许多人惊讶地发现，在出版物中，动物园、植物园和图书馆都被罗列在博物馆名录下，博物馆工作人员也颇感惊讶：观众们无法分辨博物馆、主题公园以及诸如纽约索尼中心那样的商展场所之间的异同！重要的是，博物馆的宗旨不能与其他文化机构的宗旨相混淆。

博物馆很古老，也很年轻。也许，最古老的博物馆是毕达哥拉斯的缪斯神庙，那是一个"学者们修造的乡间园林，他们在那儿借助书籍或实物做研究、搞演说"[4]。虽然将这种学者们做研究的、类似当代"智库"的地方描绘成幽静的世外桃源，可能会使博物馆失去本色，但它巨大的历史力量仍将显示在“博物馆”这个词隐喻式的使用当中,并引起各种冲突性的关联,如神圣的与野蛮的、珍宝库与垃圾桶等。“博物馆”这个词通常被理解为有着各种内在价值的实体的收藏,这些价值作为一个整体,通过集聚和保存而极大增强。[5]然而,正如博物馆工作人员所指出的,如果没有附加的文档记述,即使是稀世珍品也一文不值,这一点往往被公众忽视。[6]一般情况下,博物馆研究是利用大量的单体对象来开展的。尽管许多藏品从未向公众展示过,但是藏品的分类收藏及其价值体系对于研究来说是十分重要的。

功能

尽管侧重点不同,但那些大胆定义博物馆的人,通常将关注点集中于特定的功能和行为,包括收藏、保存、研究、展示和教育。博物馆被一些观察家挖苦性地贴上了“贫乏”的标签,但那似乎并不比一个意外事故更显博物馆特质,它的存在违背了博物馆公共服务的使命。虽然博物馆没有受困于“贫乏”的标签,而是令人欣喜地摆脱了标签的限制,但它们却陷入“财产上富有”而“收入上贫穷”的窘境,此种境况源于博物馆尴尬的半公半私的性质,作为受托人,博物馆只是为公众利益而受托拥有物品。[7]

在传统意义上,博物馆的主要活动是收藏。就博物馆存在的合理性而言,似乎没有什么比收藏更核心、更根本的了。收藏被认为是由有形物品所组成,可以被识别,并且可按照分类学、美学或者历史意义进行物品分类。[8]“无论是发掘，还是在拍卖会上购买，抑或是探险队收获的礼品，都是在收集合乎我们规则的、具有重要价值和旨趣的物品”。[9]获取物品之后，接下来就是保存。[10]

但是，相关人员对于鉴别博物馆藏品当中哪些是稀有的、美的、珍贵的或重要的有着令人惊讶的分歧。将一件物品存放在何处最好？是在获取并拥有它的主人那儿，还是博物馆？不甚明晰。大多数博物馆藏品都不是被刻意保存在那儿的，许多东西会在日常使用中被毁坏，想想有多少潜在的博物馆藏品是美国人日常随手丢弃的垃圾。到郊外路边或者学期末的宿舍楼里走走，总会淘到遭人遗弃的宝贝，有古董灯、四驱车、肖像画、电视机，以及轻度受损的高脚玻璃杯。此外，如果保护成本太高的话，替代品便逐渐流行，它们只需要更少的费用、劳动力和空间，在教育上还一样有效。而且，公众对替代品也有热情。例如，人人都喜欢恐龙，如果数字是一种线索的话，那么博物馆观众会像喜欢那些设计巧妙、会怒吼移动的模型那样，喜欢传统自然历史博物馆研究组装起来的古生物标本。[11]

颇具讽刺意味的是，如同保护物品的原生状态而受到质疑那样，新的保护技术正在使修复和保护得以复兴。[12]但是保护是否与收藏的基本价值相关，依然是一个哲学问题，这会严重影响对博物馆历史性的理解。如果博物馆不单单是保护珍品的仓库，其他更具创新性的博物馆功能会引起人们的关注。甚至在传统上原先只限于专家学者的学习与研究功能，如今也能满足新的教育需求。同样，阐释物品并以学术报告的方式传播研究成果，也同新的普及需求融合在一起。博物馆的教育角色被重塑并以不同的方式呈现,可迎合各种观众多种多样的认知风格。博物馆正利用资源内在的精彩,转而用更少的单线性、更多的戏剧化方式来展示自我。陈列展示在学术指导下,能够不动声色地与仪式性的演出和娱乐相融合。景观设计(陈列的符号学元素)作为博物馆展览的中心元素而出现,甚至有时将此作为重点,就像博物馆将侧重点从保护和研究转向叙事一样。

教育正逐步融入博物馆的公共项目中,也与其他博物馆功能相结合,教学方式与展览策略合为一体。显然,我们需要赋予"拓展"更多的意义。事实上,展览团队不再只是执行策展人的指示,教育工作者、设计师、公关人士以及专业的营销人员,从开始就与团队成员一样,付出了或多或少的努力。结果呢?展览变得越来越面向公众、更富故事性且更夸张。策展人在审美方面更注重传达体验,通过展览来强调博物馆独特的教育功能。

展览一直是博物馆的使命。通常,展览就是将实物"示众",邀请观众审视和欣赏,并由拥有认知特权的博物馆权威予以引导。但是,人们今天在博物馆里看到的显然不光有实物,还有已经被重组为体验的场所,博物馆认为自己的职责是提供体验。吊诡的是,体验内在的主观属性削弱了博物馆对展览的权威性声明,人们还能以唯一"正确的"方式来看待实物吗?实际上,实物被完整地"看到"了吗?人们所见的实物是单一的还是多维度的?如何确定对某些实物的体验比对其他实物的体验更合乎规范?另外,验证客观判断或者证明既定解释的条件是什么?

质疑实物的地位就是挑战“神圣化”的博物馆及观众的价值观。这一挑战隐含在博物馆承诺的新取向之中。为尽力使收藏、保护和学术宗旨与展览重焕生机、自我觉醒的概念相一致，当代博物馆被迫应对身份、客观性与历来模糊的特权等问题。新博物馆学的态度，更多倾向于提出问题而不是回答问题，这与形而上的谜题（实物是什么？）和认识论问题（真相是什么？）相矛盾。今天的博物馆自豪地担负着放大了的教育使命，刺激和鼓励探究。在这种环境下，展览的方法重于目的，其功能在于营造有启发性的和令人满意的博物馆体验。

历史

美国的博物馆发展遵循着一条不同于欧洲博物馆的路线。大多数欧洲的博物馆藏品都源自私人收藏，反映了创办者的品位与财富，只是后来出于公众利益考虑而归为国有。美国的博物馆主要是基于理想主义而创办的，通常能得到慈善资金的支持，且致力于人类的进步。当然，一些从事广告业的企业家也迅速地发现了博物馆潜在的休闲功能，推出了场面宏大的演出，将博物馆向现代的娱乐中心和主题公园的运营模式引导。[13]

美国的博物馆运动始于19世纪中期，那时，私人慈善性捐赠在美国博物馆的发展历程中发挥了重要作用。被视为公益的慈善捐赠在后来的税收立法当中得到鼓励，使其持续成为博物馆收入的一个重要来源。大多数博物馆因此具有准公共机构的性质，与医院、教堂以及各种教育和服务机构一样，是非营利组织。原则上，它们不受政府监督，不同于国有性质的欧洲同行。然而，在20世纪，国家财政以资助和补贴的形式对大多数非营利组织予以支持，作为资助方，政府得以对它们进行控制。大多数博物馆和其他非营利组织一样，仅仅依靠私人资助是难以为继的，因此不得已而妥协，陷入艰辛度日之境地。[14]

今天的博物馆以资源拥有者和教育机构的身份，通过奉献来履行公共服务职能，但这也存在争议。不管它们所提供的物品是文化财产和教育手段的实物，还是艺术品，这些物品是否就是原始体验的源泉（当然，这与更深层面的教育计划可能是相通的）？“博物馆体验”的意义可能取决于这种抽象而又吹毛求疵的细节。是为了特定的实物而指定体验呢，还是为了更宽泛、更具包容性的体验而将实物当作偶尔的启发？这个问题的答案决定了我们将博物馆看作是“以物品为中心”还是“以故事为中心”，这会影响博物馆的建筑、组织架构，以及展览和项目的设计。按照以物品为中心的模式，应该优先考虑什么选项呢？假定资源是有限的，是否应该投入更多精力来开发观众友好型的互动设备？这些问题处于许多“文化战争”和政治冲突的旋涡之中，在博物馆界愈演愈烈，并导致博物馆遭受外界的攻击。

转换优先权

本书不是一部博物馆史，但它确实检视了一些说明这类机构现状的因素。书里会探究如下现象：逐渐削弱的藏品分配优先权、对变化中的社会和经济环境的回应，以及变革性地处理实物形而上和认识论的既有意图。如果"收藏"指代一个审慎的组织策略而不是实物的有形聚合，那么，博物馆的角色就会被主观化，其绝对的权威便受到影响了。当实物不再被当作事物本体，而变成单纯的私人体验场所或者指定意义的集群时，原先假定的博物馆所奉献的"真东西"——珍贵而又饱含学问的实物，就获得了政治化的新意义。

博物馆实物占据着由博物馆控制的虚拟空间。与博物馆实物接触的观众们，懵懂地在实物语言的概念和文化蜕变中纠缠不清。对当代博物馆实践的近距离观察揭露了这一模棱两可的现象及其后果。

体验与单纯的事物不一样，它不是藏品，而是转瞬即逝、难以捉摸的，很难定位它的时空。长期以来，博物馆收藏活动尊贵且具有稳定感，具有纪念性意义，但无法唤起稍纵即逝的个人体验。不管怎样，实物的存在促进了收藏活动的稳定感。这种矛盾因现实（真实性与可靠性的结合体）的进一步神秘化而变得复杂了。声称"实物是真的"有一种隐含的意义，完全不同于"事实是真的"或者"体验（很可能是由幻觉引起的）是真的"。体验的真实性在现象学上是独立的，与其起因和后果相分离。无论什么样的刺激，除了展示这一事实，再没有比确信无疑的物证或陈述更重要的了。在这方面，一个植入大脑的电极也可以营造出像伦勃朗作品一样生动的体验。体验无处不在，且在博物馆虚拟的愉悦空间中环绕。

今天的博物馆正从事着一项旨在鼓励人们去思考和体验的全新事业，它的目标不是排他性的集聚藏品，而是认真地把收藏当作一种手段而非目的，但也绝非达成目的的唯一手段。目的就是营造真实的体验，但是这样的体验并不取决于物品的真实性。[15] 这种体验可能由多种装置（不全是真实、真正或物质的）引发，今天的博物馆正忙于架设这样的装置。

如果忽略博物馆在基础理念方面发生的变化，而仅看其表象的话，我们就无法真正地观察博物馆里发生的事，也无法提出合理的建议。语言的可变性（或者更准确地说，是其错位的恒常性）混淆了实际正在发生的深奥的制度变革。如果"物质""证据""人类"和"环境"这些词汇不再意味着稳定和静止，而博物馆仍然作为"人类及其环境的物证"，这无疑令人困惑。

变革的力量

回到刚开始我介绍的图景，我们在不同类型的博物馆工作中发现了许多推动变革的力量。

1. 在某些情况下，文化态度决定了"真实"物品是否被撤除。例如，对滥用濒危物种的普遍反对，已经导致一些自然历史博物馆不仅撤掉了那些填充的动物模型，还撤掉了那些用动物肢体制作的展品，如带有羽毛的篮子、斗篷、头饰；用骨、角制作的器具；用蛇和鳄鱼皮制作的饰品；毛皮衣服等。这样，展区便被清空了，通过安装互动式的电脑程序或轮播视频来介绍被撤掉的展品，同时对展品的撤除予以解释。但在有些情况下，博物馆不得不展示真实的动物或者动物器官，于是策展人就用标签来打消公众的疑虑，说明博物馆在进行这些收藏时并没有伤害到活体动物，展览实际上是一种“拯救”——比如，对因伤而无法回到其自然栖息地的动物和被动物收容所救助的动物来说，就是获得了“拯救”。公众因此得到双重教益，既可以从博物馆用来说明实物及其应用的原有课程中获得学习，又可以在人道主义的与环境有关的信息当中有所收获。即使是为了追求知识而对稀有物种造成伤害，也是不可容忍的。

2. 在有限的空间里，由于严格的卫生和安全限制，以及不可避免的经济压力，博物馆无法继续依靠低效、老旧的设备运转，它们的工作可以被现代设备分分钟搞定。虽然人们愿意了解技术流程，乐于注视机器运转的过程，但有历史价值的设备往往是嘈杂且笨重的，甚至还不安全，人工操作技能也逐渐退化。而且，在玻璃柜里展示静态、死板的工具会使人们感到枯燥，还不如视频演示更吸引观众。博物馆会周期性地安排工作人员来演示古董设备的使用，但操作成本极高，可能会操作失误，存在一定的安全风险，并且不卫生。这样的演示可能会捕获观众的好奇心，但是这并不是很可靠的展示。视频演示的优点是能够重复播放，但遗憾的是，它对观众独自探索没有太大作用。

3. 一些机构，像著名的维多利亚和阿尔伯特博物馆，自创办以来，始终出于教育目的展示一些著名的、固定的展品模型，毕竟普通观众怎么会亲临图拉真石柱或者吉贝尔蒂的“天堂之门”呢？然而，大多数20世纪的博物馆视展品模型为纡尊降贵，因为那会使它们降格为保管仓库。不过，某些人类学和考古学博物馆，甚至一些美术馆，如今开始改变主意了。在不利的气候条件或污染严重的环境下,原作将面临自然损坏的风险,为保护起见,它们已取消了原作的公开展示。[16] 为了展览及教育的目的,石膏模型重新回到展厅。正如博物馆如今发现累积了五十年的汽车尾气比累积几千年的预燃机流量的危害更大一样,庞大的交通与人流量也会因摩擦和触碰等而存大很大的受损风险。因此,除了学者和专家们,普通观众不被允许靠近那些古老而脆弱的藏品。普通观众无法体验这种"气场"——这一独特的时空存在,博物馆视它为实物的本真,博物馆也正是由于这些传统权威和历史地位而备受崇敬。[17] 普通观众亲近藏品的权利被剥夺,博物馆为营造良好的观众体验,就采用新的再生技术制作出与原件无二的复制品,并充分利用电脑程序,通常允许观众近距离拍摄和把玩复制品,而这是不可能在原件上实现的。[18]

4. 美术馆也在考虑数字化复制品的利弊。数字图像可以用于教育、历史研究、保护、安全、记录和推广。电脑成像效果远远好于其他复制手段(如幻灯片和照片),但也有明显的缺点。一个现实的风险就是博物馆会失去管控能力,很多人都有能力处理和复制图像。数字图像很快将取代实体绘画与雕像的地位(虽不会完全取代),但是这种未经授权的数字化复制行为引起了诸多质疑。[19]

除了许多法律和现实问题之外,复制过程还引起了严重的哲学质疑。其中包括复制品对美感带来的破坏性影响。对那些只体验过替代品的一代观众来说,时间一长,麻木感会毁掉他们的审美能力,而为观众营造良好的体验、培养观众的审美能力可是美术馆作为一流机构得以创立的意义所在啊! [20] 相关的质疑将这个棘手的哲学问题归结为为众所周知的“难以识别事物同一性”。就像《侏罗纪公园》里克隆的恐龙不可能与史上它们的前辈相同一样，不仅是因为时间上的差距；又比如利用分子技术再造的《蒙娜丽莎》（由纳米技术专家仿制的），不可能与达·芬奇绘制的作品完全相同。不论它们之间究竟有怎样的差异，差异就是差异，独立于每一幅《蒙娜丽莎》带给观众的任何体验之外。从定义上讲，展示就是再现，凭借复杂的因素，区别于展品所代表的东西。无论是由于复制品精度不够，还是由于观众的心理说服力太弱，复制品都无法替代原件的逻辑性和历史的优先性。[21]

5. 在电视、电脑前待久了的人们开始接受足够高水准的复制品。就观众的体验而言，某些物品或现象通常是可替代的，即使某些方面的体验可能令人不快，但这些复制品也被认为是可取的。[22] 当人们为舒适和便利而有更多需求时，仿制品可能就不只是替代不敏感的真品，还是现象学上的置换。[23] 今天，直接的感官理解与认知层面的知识识别的边界差不多已经消失，历史情境化因此免去了感知的优先权。我们再也不能凭借经验分辨“看见”与“看作”的不同，并且，与传统经验主义的教义相反，在感官数据的摄入与理解的过程中，经验便没有立锥之地。替代品在激发解释性操作方面的作用并不比原件差。在某种程度上，这样的认知强化体验正是艺术所缺乏的，艺术作品的审美特质相对于其动机特质是次要的，甚至可能会由于对自身的关注而忽略其审美中介的角色。因此，叙事性的回顾或事件重建可以取代实物，后者只是刺激了事件的发生。事实证明，实物只是一个事件的占位符。

实际上，仿制品既没有模仿也没有取代真品，只是美化了真品。“虚拟现实”达到了之前任何展品都无法比拟的逼真程度，但它消除不了展览的逻辑。在某些方面，细致入微的复制可以使复制品和真品一样，但历史还在。如果考虑到制作的方法，在现象学层面容易混淆。不过，毫无疑问，体验的每一道顺序和层级确实都发生了。体验的几个层级与它们的因果差异之间的关系在哲学上是诱人的，但博物馆肯定有更多的实际问题需要考虑。从实践的角度看，展示与再现之间的差异可能是微不足道的。

调和真实

博物馆认定“事物很少是表面看上去那样的”，因此博物馆通常选择牺牲曾经突出的真实性优势而抬高似是而非的表象。前面引用的当下博物馆做法的例子，是典型的非物质化和反具体化，这在当代社会非常普遍。当然，此种趋势也不仅限于博物馆。哲学家们坚持认为世界由语言调和，乌尔都语仍不断地努力追寻着语言的通天塔，以回到共同的源头。确定性和真相似乎因文本多元主义隐含的相对性而陷入危机。如今的焦虑因语言不再被看作唯一的或基本的调和装置而被放大了，现在许多新的不稳定的实体把被解码的文本连接了起来。这些非语言却“贫嘴”的东西，不仅作为工具，有时还作为唯一可及的真实依据，喧闹且固执地诉说着，以引起关注。[24]

作为事物的阐释者，博物馆与最好的文本战略家们抗争。博物馆消除了实物为自己代言或以唯一权威的声音说话的宗旨，因而无法自在地表述实物的存在及其相关信息。在这方面，博物馆远在古典哲学之前，戏剧性地偏离了对物质的不信任，这是由于博物馆认为这对于理解事物是有害的。博物馆作为将主观意识置于被理解的实物之上的传统认识论的中枢，它在推崇实物（作为真实的意义和价值之载体）的文化机构当中是独一无二的。

当前，实物的意义和价值都被审核，并陷入严酷的多元主义境地。博物馆发现它们自己存在性地被搁在了重构基本哲学概念的前沿，而正是这些概念一直影响着世界各地。所以，博物馆在重建基础方面需要一项关键的投入。在被指控为“万物牢笼”之前，免除它们的罪名是简单的，复杂的是如何证明博物馆是作为“意义圣殿”而存在的。

挖掘意义

阐释，曾被狭隘地定义为以人为符号制定规则的过程。如今，对显见事物的神秘化和渲染手段已经影响到有形的物质世界，好像事物永远不会是它们表面看起来的样子，将事物确定的身份、其谦卑的真诚与词语的虚伪相对照，结果会产生错觉。词汇确实可以用来讲故事，它们可以撒谎，但即使它们不算露骨地撒谎，与具有多重意义和证伪作用的普通字母相比，词汇的基本结构在语义的误导方面只不过是一种防御。[25]

如果客体的客观性融入文本当中，会怎样呢？这样一来，收藏便不再是区分博物馆与其他文化机构（也负责文本解释的机构）的要素，博物馆本身也无法从类型上来区分。如果博物馆藏品的意义模棱两可，那么传统上基于内容的组织就崩溃了。那些既非唯一也非典型,既不是典范也不是同类的标本的物品,实际上根本就不存在。[26]“这是什么?”是一个不完整的、无穷无尽的问题。对博物馆而言,幸运的是,这种困境可以增加展示机会,鼓励博物馆工作人员采用巧妙的设计和戏剧性的技巧开拓进取。

博物馆已将普通分类学中的识别冲动提升至科学水准,科学分类是超越单纯的物品占有和积累所必需的。这种分类方式有时会被推向病态的极端境地,不仅要拯救数十亿被时间遗忘的物品(从瓶盖到维米尔,再到鳞翅目),还要赋予它们意义和价值,并以相对客观的顺序将它们摆放在一个地方。博物馆收藏及其滋养出的鉴赏式优雅赋予了这个世界重要的意义,并且由个人构建的世界最终会被机构所认可。[27]作为连贯顺序的分配者,博物馆重置了真实时间和真实事件,致力于造就世界可理解的安全感。所以很显然,博物馆在赋予公民身份感、加强社会凝聚力上,发挥了相当大的作用。

实践策略

博物馆收藏,包括文化的和审美的,能够唤起由权力分配和价值构成的社会实践。将这些实践转化为意义的产生和体验的传播,向真实体验胜过主观操控这样的共同期盼提出了挑战。但并不是要否定这些实践和体验的真实性,只是想解除一些哲学上的困惑。

我注意到一个奇怪的现象:在几乎将物质价值置于其他一切价值

之上的世界里，非物质化的趋势显得相当不和谐。这种趋势同样适用于审美评判与法律建设，比如，私人所有权就像适用于个人的鞋子一样适用于个人的名声或肖像。实际上，私人所有权已经简化为抽象的、禁止进入他人空间的一种权力。在这种情况下，声称博物馆藏品的真实性，会发生什么？像“真实”之类的争议性表述，在被用于有形的美术或工艺品时，会一直存在的，当意义的真实性存在争议时，意义会更加模糊不清。通过科学分析，我们可以相对可靠地确定实体物品的年代和起源，而常规的测试一般只用于艺术品的历史验证中。但是，物品的意义是一个完全不同的东西，意义怎样被验证呢？意义不受物理定律约束，也不与物质或精神直接关联，它与事物不同，跟体验的联系也不紧密，可以同时出现在多个场合，而且，单件物品可以拥有多重意义——同时或依次出现。

如果博物馆坚守自己作为收藏之所的属性而收集一切人们认为值得收藏、保存、研究和展示的藏品，就必须适应错位意义的思潮——意义脱离了通常情况下活跃信徒的信仰体系。于是，除了描述博物馆的语言之外，博物馆所做的显然已落后。尽管被嘲讽为“物品之墓”，或被浪漫化为“漫步和沉思之所”，实际上博物馆比这些表述都要更富创造性。[28] 博物馆致力于激发并验证观众的体验，还赞美观众拥有、分享和享受体验的能力。这些是博物馆新纳入的功能，它们没有被包含在传统的、内容导向的定义当中，所以，这些功能应该得到空前的关注和研究。我认为，传递体验不能简单地看作是多举办一些博物馆活动，如何传递体验是一个复杂的问题，但它至关重要，以至于影响博物馆的运营。

本书的写作将对博物馆进行调研,并从这样一个预设的前提着手:博物馆对实物收藏的根本性描述是一种误导。本书还会质疑按照藏品来区分博物馆的分类系统,讨论博物馆释义中所包含的收藏理念和收藏行为。我始终认为,将公众导向博物馆的体验性内容是博物馆的惯用手段,本书将探讨客观性和公众可及性的适当标准。

人们历来认为,博物馆的价值体现在它们的收藏之中,因此需要考量博物馆对体验的催化作用。在此进程中,博物馆的价值如何被影响?从本体论转向现象学的价值的变化是什么?博物馆必须要为校准体验而非实物评估制定新的标准吗?探讨博物馆的价值由来已久,包括对伦理和美学的研究,以及区分一些以认知和思考为主的有关理论研究的学科。然而,博物馆显然依赖于这两种类型的研究,在它们的工作当中,认知(理论)阐述与实践活动或愉悦生成一样重要。全面评估博物馆的服务有利于博物馆在这些方面进行整合,同时也有利于它们开发新的体验功能。博物馆不仅仅是文化价值的保存者与传播者,还被明确地视为世界的构建者。对这一角色进行考量,必须检视体验是怎样在博物馆和其他地方被传播的,还必须要弄清哪些体验如何稳定地保持良好地传播,以及这些体验的传播通常依据什么标准。这项调研使得博物馆教育功能的反馈成为必要,这也是博物馆一直以来所强调的,并已将其视为核心宗旨。

为合乎新的关注点,博物馆担负了与其传统功能和神圣职责相一致的责任。作为真实体验的共同创造者,博物馆正在与虚拟产品(如电影、电视、主题公园、广告等)生产商竞争,以获得公众的支持。如此看来，博物馆在收藏和照管物品之余，还必须使其所提供的体验变得有所不同。并非所有的体验都是同等的，有些会比其他的更有价值，面对这样的结果，博物馆必须负责任地重塑自己的形象与使命。

2 博物馆类型

有一对相互矛盾的理念,从一开始就影响着博物馆收藏的积极性,并始终交错存在于复杂的博物馆历史之中。一方面是博物馆独特的魅力及其价值,被认为是缘于物品的稀有、高品质或不寻常的历史;另一方面是博物馆对普遍性或典型性的兴趣,博物馆常常大量收购普通标本,以使它们的个体差异与普遍的一致性相调和。前者,尽管有时被嘲笑太原始——那种魅力犹如闪亮的卵石对喜鹊的吸引力——但在古怪的品位转变为成熟的审美时,就会被奉为非凡的鉴赏力;而后者,通常倾向于启蒙主义,认同藏品的内在连贯性(这种连贯性证明了天然的关系),并通过理论使藏品群体关系合理化。这两种倾向并存于当代的博物馆中,有时和睦相处于同一屋檐下,有时则处于矛盾冲突之中。

第一种倾向于独特的自信腔调,它颂扬随意的评判,并与独立的权力相结合,采纳那些评判,以给予它客观有效性。这种自信的博物馆有着威严的氛围,承诺营造一种精英式体验。第二种倾向在权威方面也毫不逊色,但它的合法性源自通用协议。透明度与不证自明是博物馆的箴言,它们致力于这一理想化的社群承诺和共同愿景。同时具有这两种倾向的博物馆出现了前后不一的期望:一方面承诺提供"精英体验给每个人",另一方面又想超越阶层和文化差异。[1] 走向民主平等的运动很明显地将所有的社会实践引向了小写的"文化"主题,从而弱化了大写的"高雅文化"周围的光环。"最好的早已被思考和谈论过"这一观点对个人施加了压力,他们得假装具备有教养的判断能力。博物馆很难调和独特优势与更加平等的多样性优点之间的矛盾。

现在那些被称为博物馆的机构之间有着家族式的相似性,尽管处于博物馆工作专业化和博物馆研究学科均质化的情形,但它们却无法共享各自的历史和起因。令人感到诧异的是,美国博物馆协会接纳了一系列不合宜的机构(人们寻求娱乐和启迪的地方)作为它们的会员,连在概念上宣布加入博物馆协会的流程都不需要。[2]

博物馆可以按照多种方式来分类。分类系统是为将海量数据进行排序的概念性策略,排序系统不仅反映了以前的明智选择,而且肯定了务实的决策(这与博物馆内部组织、收藏制度、展览方式、公共推广和规划编制有关)。因此,博物馆如何展示自己,与外界如何了解博物馆一样重要。对一些博物馆而言,珍贵藏品的安全是优先考虑的,而对其他博物馆而言,维护与用户之间的良好关系则是最为重要的。[3] 没有绝对的博物馆分类方法，且博物馆也不会被死死地局限在一个名称之内。目前，大多数博物馆正在尝试不同的自我表现方式，并且彼此借鉴。而且，当博物馆因为不断变化的环境而尽力塑造新身份的时候，其类别也会发生变化。这种惯例通过民意被保存下来，并会被商会和旅游机构登记下来，可以通过电话查询专业文献资料，博物馆就是依照它们的内容来划分的。当然，坚持高度专业化的收藏并不断获得拥护者的支持，这在很大程度上被视为怪癖的大本营。它们通常只是照章开放，由一群热情的志愿者支持着，很少有人前往参观，甚至连附近居民都不知晓它们的位置[4]，运营状况不佳，寿命较短。

然而，新建博物馆弱化了其收藏和保管功能，反过来强调公共规划和展示，在这种情况下，实物是否应当被摆在首要地位似乎出现了争议。[5]让我们来考量一些典型的例子吧！

美术馆

对大多数人而言，一提到参观博物馆，似乎就会想到19世纪美术馆的壮阔门脸似乎就是标配。[6]与科学馆或历史博物馆相比，美术馆虽然观众更少且受欢迎程度不那么高，但它们往往被视为博物馆的范例。美术馆的藏品，被笼统地称为“艺术”，通常不仅包括绘画和雕塑，还包括不够崇高的艺术涂鸦，甚至还有诸如宗教和丧葬器具、建筑构件、服装、盔甲、武器及家具等实用品。“美术馆品质”指的是罕见、卓越和有价值，“老古董”指的是老旧、独特、贵重的东西，通常暗指那些在美术馆里找得到或者应该找得到的物品。小说常常把童年时光浪漫化,并将其设定在博物馆里,虽然并非所有的童年回忆都传达着那种情感。[7]美术馆给观众带来怀旧、自尊和自负的感觉,这是不易被其所提供的审美满足所抵消的。

作为展览和学术的中心,美术馆管理人员是专业的"收藏、研究和教学的综合体"。当代美术馆的概念源自 18 世纪欧洲那些公开的私人收藏。文艺复兴时期的艺术收藏室,也是中世纪珍宝馆的一个分支。后者收藏多样化的珍宝、古玩、天然或人工礼品,多是个人财富,每隔一段时间,其中的一部分东西会被搬出来投入日常使用,比如宴会所使用的餐具、瓷器和用于商业交换的硬币。虽然这些物品偶尔会被展示给特殊的客人,但它们是因私人欣赏而被收藏的,基本上不公开展示。艺术收藏室是新人文主义的一抹闪光,预示着将欣赏视为一种技巧和知识的人类态度。收藏室里的东西与大自然的杰作相对应,在收藏家的普遍愿望中,这些物品具有象征意义,能够把微观的人类秩序与宏观的神圣宇宙连接在一起。[8]

通过收藏家的世代传承,逐渐反映出艺术收藏室拥有者个人的审美品位。进而,审美品位被从藏品 (主要是历史的或自然的) 当中分离。到了 18 世纪中期,当美成为独立的哲学美学的理想、满地都是艺术批评的时候,皇家收藏也根据其历史、精神或者美学的价值而被区分。当启蒙运动的思想惠及中产阶级时,绘画的教益被引入学校,原始艺术作品研究也被视为视觉教育的一种形式。在诸如奥地利哈布斯堡家族、玛丽亚・特蕾莎和约瑟夫二世之类的"开明"君主的统治下,艺术收藏与教育目的相结合，免费对公众开放。

1776年开放的奥地利美景宫美术馆，是一个独立的公共美术馆，其藏品由一名保管员管理，他按照明确的艺术史原则对藏品进行编目，此方法为之后的美术馆保管员所采纳，并沿用至今。在这座艺术史博物馆里，艺术品的有序展示已经成为展览标准，自然历史博物馆也适当地参照该标准，它们也根据艺术史发展的顺序来组织其藏品。这种艺术观点通过类推，不可避免地会联系到大自然的创造力，这与乔治·威廉·弗里德里希·黑格尔（1770—1831）的艺术哲学思想相关，黑格尔认为，人类的艺术成就是绝对精神的化身。按照黑格尔的观点，被理性和上帝所认同的绝对精神通过一系列分层次的、具体的感官表述而产生自我意识，最终注定会超越自我，直至艺术终结。它的阶段性进展被记录在世界艺术史上，生动又准确地展现在博物馆运营框架和展览当中。[9]

美术馆在致力于令人振奋的项目并追随绝对精神运动的同时，还保留了一项更为世俗的功能，即称颂那些主宰文化情境者的品位。这段历史给美术馆贴上了贵族鉴赏水准的标签，使美术馆成为财富和特权的象征——流行革命的豪言亦未能将其抹去。尽管现在美术馆面向所有人，但仍维持着少数特权者的价值体系。最初，由它们当中最杰出者决定何为“有教养的”品位、判定哪种东西真正值得收藏和品鉴，并区分是单纯的喜爱还是不道德的酷爱等。

不过，从成立至今，作为公共机构的美术馆一直极具精神地存在，不只是“人类创造性的艺术品的贮藏地”，也不仅仅是“一处体验艺术品的场所”，美术馆更多地被褒扬。[10]美术馆被满怀抱负地设计，向人们灌输文化认同和共有遗产的观念,从而把人们转化为公民。“人民宫殿”已经成为一种城市文化现象,不再被空洞的光环笼罩。然而,正如社会学家皮埃尔·布尔迪厄所认为的,美术馆的目标并不是要使每个人都产生对美的热爱,而是通过使文化分层“自然化”,进而承认现存的文化差异,以便“有教养的人能够信任未开化的人,并说服野蛮人意识到他们自己的野蛮”。布尔迪厄所描述的这种“提升”并不适用于每个人,只有那些接受过教育且具备艺术品位的人,方可自如地享有免费接近它们的自由。而其他人对于艺术品位的痴想只能更有力地证实他们的劣势地位。[11]

对当代观众态度的调研显示,将博物馆说成“俗世庙宇”并非用词不当。有些人在博物馆里的确容易产生一种敬畏之情,似乎能感受到那里有圣物存在,他们被一种神圣的文化奉献所激励。[12]当然,对美好事物的爱并不局限于有特权的收藏家,他们爱其所爱,并且他们在美术馆的持续培养下,有了评定并宣传美好事物的责任,他们想尽办法使艺术品和博物馆更易于被访问。[13]

从管理者角度看,使艺术品和博物馆“可及”的必要性导致了一个两难困境。博物馆有责任收集众所周知的物品,它们具有重要的文化意义,物品本身也很重要,至少它们是同时代或稍后的时代被制造的同类物品当中的典型。但是,即便这些物品的历史意义被正确评估,也并不能对所有人都有吸引力。既满足教学条件,又收获美好的物品,这对当今的博物馆而言是困难的。因此,通常博物馆倾向于从私人画廊收购当代艺术品,在新作品被私人收藏家拣选认可后再出手增持。一些大胆的策展人遵循他们内心深处的导向,但大多数策展人还是会选择"安全"的、已经被市场认可的代表性样本。两种风险结果都是公众好奇心的积累。在任何时候,美术馆都抱着谨慎的乐于接纳的态度,并努力扩充展品。

美术馆既可以为观众"止痛",也可以刺激观众的心理。它们设法使拨款合理化,吸引观众接受代入的和学术性的角色,同时,将观众的注意力从美术馆坚持否认的不公平现象中移开。博物馆在转移观众注意力和把财富置换美化成公共事务能力方面,具有强大的政治影响。[14] 代入式的所有权通过宣扬共享的历史和愿景,弱化了排斥的事实。拿破仑的功力并未减退,他为缴获战利品,强迫被征服的城市交出它们的珍贵艺术品。拿破仑任命男爵多米尼克·维旺·德农为法国博物馆系统主管,并利用他的办事处发起世界上最伟大的艺术杰作收藏活动,这象征着法国的辉煌成就(对其国民而言这是第一次)。

不过,集体占有物品的前提是假定了品位的一致性,所以,作为促进公民团结的手段,美术馆一直提倡共享愉悦。文化权威凭借这种能力去控制人们的渴求与快乐。[15] 因此,美术馆把高雅的活动和学习结合。审美享受一直是博物馆体验的中心,它被描绘成不同于博物馆其他价值的独特的东西。现代美术馆一直褒奖"为艺术的艺术",它的存在纯粹是为了审美满足。现代美术馆宣称审美的普遍性,不是因为它所唤起的体验是一致的,而是由于它对人类本能的感染力,尽管它是"经由历代鉴赏家过滤的"。[16] 博物馆自称其与被剥夺了特性和具体化的人类情境进行了对话,这种普遍性的说辞引起了怀疑者的质疑,要求博物馆立即终止偷偷摸摸的腐败行为，并为其负责，但普遍的与美有关的体验可以继续支持艺术创作和展览。[17]

最近，博物馆对普遍审美的重视遭遇强烈的反对。在美学家们放弃本质主义的艺术定义和艺术天赋的同时，博物馆正承受着来自那些发现博物馆里没有他们自己的代表作的“局外人”的压力。[18] 随着博物馆社会使命的重塑，一种新的伦理和认知意识开始渗入博物馆界。我们可能不再相信什么是艺术品或谁是艺术家，更不相信哪个更好，但作为虚假的安全付出、维持新意的倡导者，我们可能会在博物馆里获得更加充分的审美满足，并收获多样性的体验。

科学博物馆

自然历史博物馆

除美术馆之外，与现代博物馆的范式最相近的可能是自然历史博物馆了。这真是一个悖论，因为它们在概念上处于一个极端，主要收藏天然物品而非工艺品，是标本而不是独特的创作。许多科学家回忆说，是频繁的家庭参观加上偶尔实地考察这些城市绿洲，激发了他们的科学热情。甚至那些非科学家也发现，嘈杂混乱的世界是秩序的天堂。许多人在探索宇宙的过程中也找到了兴奋点，并且愉快地迷失了自我。[19]

虽然旨在奉献快乐，但与美术馆相比，科学博物馆更鲜明地宣称其任务是传播知识。像美术馆具有中世纪珍宝馆血统那样，最早的自然史收藏并非规律有序。然而，收藏家们开始观察新的模式并设定分类系统来描述藏品。

起初，展现宇宙神圣秩序的“奇异柜”就是科学收藏的先驱。[20] 文艺复兴时期开始逐渐减少那些标新立异的收藏，脱离个人隐喻，并致力于百科全书式的完整性。世俗的首领和传教士们组织探险队到各处收集物品，丰富他们的收藏。藏品包含已知大陆的植物、动物、矿物和工艺品，还有绘本、难以保存的画作或笨重的日用品。这些丰富的藏品阐明了完整的图景和社会系统，使地理学、人种学、动物学和植物学研究的书面记录也更加完整。16—18 世纪，那些高贵的收藏家们争先恐后地完善收藏，以证明他们的权力和荣耀。许多人供养学者和艺术家负责收藏活动、对藏品进行编目并阐明他们的发现，希望以此来解释他们观察到的自然进程。

到了 17 世纪，充分有效的保存、展示和传播的技术被开发，有了系统的编目和记录方法，学者们更易于寻找那些著名的标本，他们查寻、快速地比较和编辑。藏品很快就进入了大学和皇室，学者们开始研究藏品的科学分类和理论建构。其中最早的一位是博洛尼亚大学的传教士乌利塞 · 阿尔德罗万迪 (1522—1605)，他的收藏被组合起来检验 (有争议的) 马克思主义的环境理论模型，这种理论认为，社会习俗受到了原材料和技术的本地适应性的影响。他编的藏品目录在他去世四十三年后的 1648 年才得以出版。[21]

第一个公开创办的自然历史收藏活动由约翰 · 查德塞特父子团队和景观大师组建，景观大师设计了园林，以容纳他们在全球旅行中搜罗来的植物标本。1678 年，为造福公众，查德塞特的继承人约翰 · 阿什莫尔将他们的收藏赠予牛津大学。阿什莫尔协助牛津大学的相关学者们对查德塞特的藏品进行编目,为藏品保管工作做好了准备。这些藏品在1683年促使了一个半公开的自然历史博物馆的建成。尽管最初的大部分藏品已被重新分类并分散在其他博物馆当中,但阿什莫尔博物馆依然存在。[22]

自然历史博物馆逐渐地进入一种神的秩序中。自然哲学家们通过指定理想类型,对那些从实例研究中发现的具体特征进行观察,并以此为依据,对他们收集的物品进行命名。这些博物馆想要成为比较和研究藏品们的贮藏室。一份卓越的收藏取决于单件物品的品质和数量,按照哲学对完美的定义,它们既被看作是其同类中的典范,也被认为与整体的全面性有关。[23]

因此,博物馆收藏有助于对学术数据的概念性解释。通过形象化地排列展品,博物馆得以实际地传播学术理论。查尔斯·威尔逊·皮尔(1741—1827)在他的画廊举办个展展品内容丰富,甚至展出一些关于革命英雄的素描,该画廊后来成为美国第一座公共博物馆。皮尔的博物馆除了展示文化、自然历史的藏品,还展出了关于电和永动机的实验。对皮尔而言,这座博物馆是一座可视的"缩微"世界,他想在这里传播林奈的分类系统。皮尔将独特的标本和同类中的完美者作为标准,并用分层的空间展示它们,将藏品引入二进制和分级分类系统(这是林奈发明的用来表现客观现实的)。此外,彼此相关的物品在视觉上的并置,向观众传播了道德规训和政治戒律。[24]

美术馆艺术品的非实用性从来都不是自然历史博物馆藏品的显著

特点。科学博物馆一直以来提供的乐趣之一是收获知识，它们所指的知识不仅是展出的标本，还有与标本相关的完整的科学。史密森研究院早期的馆长乔治·布朗·古德，声称博物馆是“一处贴着教育意义标签的收藏馆，每一张标签都被精选的标本所阐明”。[25]

一件物品一旦被收藏，无论是出于对学习的热爱，还是对美的热爱，它都必定被审美化。虽说是为了认识世界，但是一件物品脱离原本的环境，它也就成了一件“了无生趣的”因审美而被关注的物品。独特的标本，如蝴蝶或水晶，很容易由于它们在自然状态下所拥有的美而被称赞，所在博物馆里，这些东西获得了人为的价值，同时也失去了一些原有的特性。它们从物质世界中脱离之后，就不可避免地经受形而上的改变。它们被包围在一个全新的意义框架之中，与博物馆其他藏品相关联，而它们与自然界的关系已变得令人捉摸不定。一件物品成为博物馆藏品之后，必然是一种重生，[26]它成为一件文物，与人类的科学事业联系在一起。

科学中心

然而，科学博物馆不全是以相同的方式建成的，也不全是传统意义上因藏品而著称的地方。有些博物馆演示实物的典型用途，展示其物理原理，或展示实物被发现的过程。被称为“科学中心”的博物馆与自然历史博物馆类似，都以教化为主，但是与那些更传统的博物馆不同的是，科学中心以实物施教，而不关注实物本身。实物主要被当作工具或道具来发挥作用，而不被当作藏品。保存在科学中心的实物可能是从世界各地寻得或复制出来的，也可能是为博物馆自身的目的而特别设计、改装或建造出来的人工制品。不管它从何而来，也无论其价值几何，对科学中心的真正使命而言，这些人工制品的收藏与保护都不是主要的，所以与收藏和保护工作相比，科学中心在策展与藏品管理方面的工作更为欠缺。[27]

在博物馆领域，科学中心是相对新鲜的事物，它的起源与历史标志并不清晰。芝加哥科学与工业博物馆前馆长、科学博物馆运动的编年史作者维克多・丹尼洛夫，将科学博物馆的起源追溯为科学与技术中心。[28]从基本的驱动理念来看，它们的现代性和概念化非常明显。科学中心显然是以知识而不是实物为中心的，但是这些知识常常要通过操作实物做实验才能获得。被带进博物馆的来自世界各处的碎片不是用于孤立地做研究，而是用于激发观众仿真体验的。科学中心在北美和其他洲的发展中国家非常受欢迎，在那里，它们被看作是满足了公众对现代化和工业化的需求。博物馆民主化运动中很重要的一部分就是吸引了新的观众，这些观众早期"参观博物馆"毫无语言学或者历史学的意识。科学中心通过鼓励观众参与来完成一次博物馆体验，而不仅仅提供"孤立的"信息（其内容是独立于感受之外的）。科学中心通常不宣扬杰出的科学家，而更看重科学的一般进程。与自然历史博物馆不一样，科学中心不阐明科学史及其影响，也很少宣传技术。科学中心力图激发观众的好奇心，向观众灌输科学探究的精神，旨在激发和满足观众的求知欲，而不是灌输敬畏感。在科学中心爱好者的词汇表里，突出的是"体验""发现""参与""实践"和"互动"等，传达了参观者与博物馆展览之间发生对话的理念。博物馆通常要求观众全身心地与展览互动，以完成博物馆的演示，使展览更有意义。

这种对话方式包含一种教育理论，这种理论已经传遍博物馆界和教育界。在这种理论下，观众通过体验获取知识，而不是被动地接受知识。教师或博物馆要做的是引导观众的兴趣，激发其好奇心。博物馆负责推出富有才智的展览，并对探究活动给予鼓励和奖励，而学习知识就完全是观众的事。观众不是需要被填充的容器，而是一个个热爱探索的人。强调教师与学习者之间的协作，源于一种大众化的、关于博物馆与学习的非权威的视野，也源于一种现代的科学观。

今天，很少有科学家能够像他们的前辈那样，带一架小型望远镜周游世界就可以有所发现。许多科学家根本不搞实物收藏，而是通过数学模型、模拟实验以及依据存在（和真理）或推测所得的抽象理论开展工作。他们以团队合作的方式，相互交流，传递理念和方法，而不谈具体的有形物品。他们收集的证据，对于通常的感知来说是无效的，必须依靠系统地定义和非经验性的概念方可理解。因此，科学的教学，很少直接地向人们展示具体的东西，而是给人们提供一种思考方式，并以特定的疑问方式深入探索这个世界。[29]

科学中心再造了某些情境和设备，努力引导观众的想法和态度。它们展示科学家们用过的仪器，并允许观众操作这些仪器，使用它们来观察、化验物质等，有时还引导观众对一些物品做类比分析。这些物品在传统意义上不属于“博物馆物件”，虽然它们通常是昂贵的，但绝非无价；它们可以从实验室、工厂、政府机构、研究中心和学校里得到，可以被复制、改进甚至重建以满足博物馆所需。无论是像磷光矿这样的自然物质,还是像电话这样的人造设备,显然它们在科学中心都或多或少地发挥作用,如同思想的介质,帮助观众思考并解决问题。

科学中心的展览创办者很少视自己为传统的策展人或学者,他们中的许多人与博物馆相关的经历不多,也少有艺术家之类的特殊人群。他们创办的展览通常是巧妙且漂亮的发明,可能在物质和概念上会被改进,但不破坏艺术的完整性。和艺术品不同,科学中心的展品既不是唯一的,也不是不可替代的,[30] 同时,它们也不是必须花费巨额费用去保存的标本。这些展品在博物馆中本质上就是媒介——是帮助观众思考的"交通工具"。为此,它们的身份必须适度地透明。科学中心的展览是有实用意义的,不是给人们瞻仰的,展品的价值与生产成本无关,和艺术品一样,它们的价值取决于它们所生成的体验。

和艺术品一样,科学中心的展品也是满足观众审美需求的源泉。展品所提供的感性愉悦随着欣赏它们所获得的精神愉悦的增多而增强,因充满想象力的操作而持久。工艺品和机械方面的行家们坚持认为,展品的美不能简单地凭实用性和理性的可知度来衡量(尽管这些都是它们的主要吸引力),偶尔还会被美术馆称赞。[31] 科学中心也呼吁自发的嬉闹精神,与那些五花八门的游乐园很像,科学中心也是一个供人们玩乐的地方,它们对协作探索的鼓励吸引了那些更为传统的美术馆和自然历史博物馆里的"野蛮人"。不过,科学中心有一个严肃的目标:与其他大多数博物馆相比,它们更重视认知——知晓的过程,而不是实物。尽管展品不可或缺,但展览构想才是博物馆活的灵魂。

工业和技术博物馆

相比分类收藏或"事实"而言，科学只能体现为抽象的思想和动手操作。科学的历史和社会影响力是科学运作的成分，对其内容会有影响。科学的这些方面在工业和技术博物馆里会被探索，博物馆通常也会对关乎当地声誉的工业或制造业给予有限的关注和赞扬。为此，博物馆乐享民众和商业的支持。博物馆有时直接与厂家联系，也常被商会推作旅游景点。与科学中心不同，这些博物馆更像是自然历史博物馆，是藏品驱动型的，它们以通俗的历史、当代的设备以及代表技术演进的早期机器模型为特色。像美术馆那样，技术博物馆也推崇独特的重要物品，比如某类东西的先驱——福特 T 型车和原始的计算机，或者标志着一系列历史事件的变革时刻。[32]

一个行业的历史可以通过人工制品、模型、图表、文本、视频以及个人示范等方式来述说，也不排除一些其他备受喜爱的参与性步骤。因为这些博物馆常常蕴含对一种特定技术的社会和经济条件的反思，而且逐渐地，还有越来越多关于应用这一技术的反思。工业和技术博物馆越来越像普通的历史和考古博物馆那样，以物质研究为基础来解释人类的历史。比如 1964 年开放的史密森学会的历史和技术博物馆，于 1980 年并入美国国家历史博物馆，这绝非巧合。尽管它保持了对美国工业的关注，但是扩大了的博物馆不单单重视工程和工艺，还兼顾工程和工艺对社会文化和人类的影响。[33]

一些博物馆依靠企业来支持和维护一些旨在展示特定产业架构和技术（这些企业的产品）的展览。由于展现了科学知识和工程技术在特定目的方面的应用,展览就有可能具备高度的教育意义和历史启示。与此同时,博物馆承担作为赞助公司所销售产品"所需的""成功的"促销者的风险。除非小心把控,否则,这样的博物馆就会违背其非营利的宗旨,而成为受市场驱动的机构。博物馆的身份接近交易会或商业主题公园,因而其教育主旨的完整性容易受到破坏。

由于经济原因,虽然企业越来越有必要赞助博物馆,但是这也造成了认知和伦理方面的问题,同时揭示了博物馆基本概念的易变性问题,并且引起了教育是否可以与实际利益分离得更大的问题。纵览美国历史,技术及其商业代理一直是主要角色。[34]产品是当代乡土社会的财富。与此相关的证明文件肯定比得上欧洲教会和王朝的记述(它们在传统的美术和历史博物馆的框架中被叙述)。实际上,像欧洲博物馆受惠于贵族那样,美国博物馆应该像感谢博物馆赞助者那样感谢工业巨头——洛克菲勒、弗里克、卡内基等。

历史博物馆

美国的历史博物馆和历史遗迹占美国博物馆总数的一半以上,[35]它们对藏品的展示和解释,在塑造我们对普通生活和过去重大事件的感知方面,发挥了很大的作用。值得注意的是,虽然历史重建,比如许多观众参观过殖民地威廉斯堡、旧斯特布里奇村和普利茅斯种植园,但书面作品还是比展览更可靠。[36]博物馆实践更接近史实,尤其是在"新社会史"领域,更多的历史证据是从那些历史亲历者留下的实物中提取出来的,而非出自编年史和文献。[37]

多数历史性建筑和博物馆相距很近，这些博物馆一般收藏有价值的物品，不是为了追求其美学价值或材质的价值，而是为了研究蕴含在藏品之中的历史。在这里，有些藏品是特定时代和地点的典型器具，其他藏品则通过类比，在唤起一系列情感和记忆方面起作用，还有一些藏品与历史人物有着独特且具体的联系。历史博物馆位于客观性和主观性之间模棱两可的中间区域，认知与感觉、事实与价值，掺杂于一处。曾经，历史材料对于那些分享它的人而言意义深远，现在却沦为表达不清的“东西”，历史博物馆宣称要恢复并重新赋予历史材料原本的意义。

尽管很少有人相信物质的东西会“为自己说话”，但它们绝不是“哑巴”，它们在叙事系统里有其独特的语言。[38] 在历史博物馆里，有人利用实物向别人讲故事。和语言一样，实物也被用作人际关系的形成、表达和确认的基本媒介。因此，保存实物的博物馆是与人类社会运作有关的知识宝藏。历史学家和博物馆学者在藏品中发现叙事脉络，运用一些有效的展览策略，赋予展览一定的意义。因此，博物馆要承担起为藏品和展览预设故事的责任。所以，历史博物馆不可避免地在“展览政治学”方面牵扯不清。它们的使命既不能是简单地品鉴和欣赏独特的美学品质，也不能以分类为主——那是自然历史博物馆的使命，所有的故事和策略都预示着设计，同时还代表它们自己的藏品及实现其价值的方式。

历史博物馆用当下可以接受的语言努力“重建”过去，但“可以接受”其实就是一种解释。今天，在感情和同情、认知和生理方面，博物馆被人们理解，并试图扩展到所有的公共领域。但是博物馆不能以一种方式扩展到所有的公共领域。博物馆不能确保接收的信息与发出的信息完全一致,甚至也无法严格地控制观众体验,观众很可能有差别地落入不同的群体当中,因为历史的多样性构成了当下的多样性。

为应对与其他博物馆一样的压力,历史博物馆一直在为观众增加更多的体验并与其“互动”。虽然历史博物馆主要收藏的是物质藏品,并且不断扩大收藏范围,但是目前许多历史博物馆在收藏方面的花费已少于在说明性展览上的花费了。可是,什么样的体验才是它们希望营造的呢?对此没有唯一的答案。作为文本,实物具有多样性,比符号系统里的语言还不确定。此外,和语言不同的是,实物要能从一个或另一个实用的或自然的环境中脱离,在那里,一种特定的意义会被研究得清清楚楚。它们不是被任意构造而成的,而是在活生生的世界中有过一段前世的实际生活,并伴随着有意义的历史。

博物馆通常会将几件藏品插入一个叙事图景中,并使其在一个既定的展览中占据主导地位,这基于一个复杂的判断,并且会引起对政治、经济、美学和现实的思考。这是一个学术争论的竞技场,与博物馆藏品的数量和品质相比,在评判错误的定义(或有意义的遗漏)方面,历史博物馆的批评者们通常更加苛刻。[39] 博物馆讲述了什么和忽略了什么是累积的人类意图的反映,由于其收藏的广泛性,藏品材质是无法完全表达出来的。唯一可期待的是,例如,即便一个奴隶棚或工人小屋没什么可展示的,其附属品也磨损严重、破旧不堪,展示它们所获得的评价对它们的历史或博物馆的价值也不会有什么影响。

体验的真实性并不取决于展品的真实性,在对真实性表达敬意的同时，博物馆应对日益流行的再文本化挑战的方法是专注于营造体验。因此，“重建”历史时刻的戏剧化展现变得更加普遍，有时，介质会取代传统上物质保护主义者优先考虑的实物的位置。实物无论是原件还是复制品，都是达成某一目的的手段，而不是作为目的本身要被考虑的。因此，这些实物和科学中心的展品一样，它们的价值都得视情况而定，包括物质构件、复杂性、稀有性、工艺和成本，但是，这要由它们在一个意义系统中的地位而定。[40]

实物在意义系统中的地位不是排他性的。可辨认的物品能够一直保存下去，这令人十分不安，而且还会在一个共时的意义系统集群中繁殖。一件被专家用于历史研究的东西，对一个历史事件的参与者（或幸存者）而言可能是一件纪念品，而对一个超然的旁观者来说，它可能代表了对审美或者娱乐的兴趣。[41] 无论博物馆如何努力实施标准化控制，从使用者到观察者，或不同的群体，实物的意义变化很大。这种由多种声音引发的讨论，肯定会对博物馆服务带来一些影响，并代表所有群体的利益。显而易见，随着多元化展览的举办，实物的模棱两可性成为博物馆面临的一个问题。一方面，实物被提升为“讲故事的物品”，而不是次要的口述文献的补充；另一方面，它们又被从“教具”降为“介质”，这是一种从本质价值到工具性价值的退化。即便是艺术品，也不再被以欣赏为目的，而被转向符号化。当它们被展示在历史语境中，成为讲故事的社会档案，这就表明博物馆竭力地充分利用实物参考价值的灵活性。[42]

虽然启蒙主义从未在博物馆界缺席，但现在的启蒙主义比以往任何时候都更重要。博物馆与教育机构共同承担为教育提供人员的责任。

在市场营销盛行和观众调查时代之前，博物馆很少关注人口问题，有些观众比其他人更容易接受有教益的信息。在拓展新用户方面，博物馆已经跨越了社会和规则的界线，博物馆观众对信息的接受程度已变得不那么一致。博物馆被流行文化所渗透，经过学院派学习理论的指导，博物馆会发现，一个有教育意义的范式甚至就在手边。一些博物馆旨在使不识字的和符号适应性强的孩子们接受教育，从这些博物馆的建馆史中，可能会找到一个纯正的博物馆教育模型。

儿童博物馆

得益于对物质研究的专注，大多数博物馆对不识字的和掌握多语种的观众的定位相对较好。虽然在以前这并不是博物馆的主要目的，但它们有办法营造出同步的、多层次的体验，以适应多样化的智识风格，而不都是线性的或者概念化的。如果博物馆将收藏和学术研究作为主要关注点，那它们就很少会考虑儿童的需求。不过，一旦博物馆的关注点转向观众体验，儿童成长就成了它们感兴趣的问题。

儿童博物馆已出现了一个世纪，它们拥有收藏，也展示实物，但它们不太负责藏品的照管与保护。儿童博物馆自创立以来，它们的目标一直是在年轻的观众当中唤起某些体验。[43] 儿童博物馆如同许多小的项目一样，被赞助商设定为有趣的排练空间，引导孩子们进入设定好的文化氛围当中。美国第一个儿童博物馆主要由犹太人和中上层居民创立于布鲁克林，旨在使他们的欧洲中心价值观传递给下一代。博物馆的良好计划是塑造孩子,培养孩子的技能以满足成年人的期望。给女孩子小厨房、给男孩子玩具机械,儿童博物馆为年幼者提供了中产阶级生活范式。它们向孩子们讲述神话,删掉成人冒险情节,就像围成圈圈讲故事一样。多数其他类型的博物馆会考虑它们的使命,但儿童博物馆从不怀疑它们教育的使命。[44]

儿童博物馆没有偏离最初的目标,不过,也像其他博物馆一样,一直在调整以吸引"实干家"观众而非"看客"。然而,儿童博物馆服务的群体已经变了,儿童博物馆需要适应新的社会和观众。为了迎合新的一批社区居民的兴趣(这些人中的大多数没有参观成年人博物馆的习惯),也可能是为了适应超然的旁观者,儿童博物馆一直与公立学校合作,发起课程改革运动,有时也与附近的活动小组协作;它们还和其他机构一起,推崇实践,训练儿童掌握基本的社会规则和生存技能。像以前那样,它们将一些物品用作教具,以一种新的方式,鼓励观众成为主动的学习者,做好跨越父辈的文化限制的准备。

像科学中心一样,儿童博物馆保有传统博物馆对藏品物质特性的敏感,也正是这一点使博物馆与学校得以区别开来,后者以语言教育为主。学校和博物馆越来越像活动中心,事实上,有些机构通过教育启发家长和附近的群体,正在为此而努力。儿童博物馆一直为转型中的社区服务,帮助对立的亚群体理解彼此的文化。[45] 在一些员工的提议下,博物馆甚至尝试设立日间照管中心——一个不可能面面俱到的尝试。与其他的服务机构一起,有些儿童博物馆还参加了公共资金支持的课外项目,旨在帮助孩子们的成长。[46]

用户导向——博物馆针对年轻观众的能力和需求，在展览项目方面做出明显改变。这与馆长视角（以前博物馆收藏的推动力）彻底偏离。但是，儿童博物馆的观众正走向成年，将不会带着像他们父辈那样被动虔诚的态度去博物馆。他们将真切地接近藏品，把藏品当成实践道具以激发体验。藏品的功能在于娱乐和陶冶，其终极身份是主观的，由语境来决定。

所有的博物馆都面临它们所服务群体的变化，由儿童博物馆开发的吸引和控制观众的技术正在各地被广泛应用。延续“官方历史”的博物馆不能再依靠稳定性、共同利益或公众的合力，它们必须准备好应对激烈的挑战。局内人与局外人、教师与受教者之间的传统边界已经变得模糊。学会里的那些人肯定了他们自己的主体性权力，并迫使引导他们的人承认他们在事实的形成与消失方面的作用。随着自我反思和自我审视的盛行，博物馆必须审视自己，不仅要做教师，还要做别人眼中的被看者。

博物馆分类

本书关于博物馆类型的探究还不够全面，但一直试图阐明博物馆类型的逻辑。我原本期待找到博物馆通用的特定概念，但却发现它具有很大的易变性，且重要的是，真正的物品被真实的体验所取代。不同类型的博物馆先后出现，且不断增加。目前，即使在现存机构正在被重新定义的情形下，不同类型博物馆的数量也以小幅的低增长率增加。根据当前的博物馆学理论和文化实践，博物馆正在推出新类型的体验。[47]

当今博物馆展现出来的非凡趣味值得研究,它预示着一种意识,即博物馆是创造并传播价值的社会文化系统的一部分。它承认博物馆还赋予自身某种身份。博物馆的物质性可以重新被测量,并被贴上许多重要的标签,但这些物质性的东西究竟是什么?这取决于主体与客体的相互具体化。描述博物馆的词汇总是有的,但是那些包含不同文化编码的器物有着规律的结构性关系,显而易见,实物的意义不可能是一个词汇就能指代的。依照惯例,博物馆致力于整理那些文化编码,博物馆会如何做,决定了博物馆的类型。

提出"博物馆是什么及其做什么"这个问题,意在探究这一机构在传达客观事实的表意系统当中的位置。这是在问博物馆与实物的特殊关系是什么,以及博物馆怎样将物品的一生整合到人们的生活中。一些理论家认为,人类创造和收集的物品有它们自己的生命,会自我繁殖,与生物物种相互依赖、不断进化。心理学家契克森米哈赖坚持认为,实物既是人类意向性的作品,又是其自己的决定因素,人类既是它们的造物主,也是它们的产物。[48]物品这种既普通又独特、既典型又奇异、既是产品又是制作者的可塑性,与客体一起是博物馆浪漫的根源。通过历史事件而形成的不同类型的博物馆,利用实物的非凡特性引领着它们的发展。然而,要理解这一现象,我们不仅必须要看客体,还要看看收容并保存它的人类群体。

3 博物馆与社群

体验是私人的，它产生于或“属于”经历体验的生物。尽管人们独自体验，但他们并不会对其他人的体验免疫，所以会被认为是参与了共同的体验。很显然，一个参与不同群体的人，会对特定体验的品质甚至体验的出现产生影响。引领人们思考和行动的机构，也会因此影响到其所属人员的个人体验。简而言之，虽然体验是个人主观的活动，但是它的落脚点是社会习俗和社会力量，并且由大众来表述。像其他机构一样，博物馆在社会习俗的阐明和传播方面占有一席之地。按照标准化的模式和实践方式，博物馆为体验与传播提供具体的方法，并在社会群体之间进行调和。不过，使这些模式和实践方式标准化的责任在于博物馆，并且反映了博物馆随时间变化在公民秩序中的地位。当前世界的动态是从多社群向一体化发展，但也越来越趋向于认同它们的区别。

我们已经看到，实物的收藏是从强烈的人类互动中抽象出来的意义集合。虽然“每一个藏品都是某个人的扩散”，但是收藏活动还是将博物馆的目光转向藏品的研究、管理和安全方面。[1] 可是，博物馆因其藏品的性质而有义务面对外界，并一再地与出色的支持者们商谈协议。

这些“博物馆界”的支持者是谁？应感谢他们什么呢？虽然博物馆已为公众服务长达六百年或更长的时间，但是博物馆的公共角色是在过去的几十年里才建立起来的。美国的博物馆游客数量在1965—1985年这二十年间增加了一倍。如今，参观博物馆是一项主要的家庭娱乐活动，一个参加过学校或者社群活动的家庭成员常常会提议参观博物馆。但是，游客只是博物馆社群的一部分。其他的博物馆利益相关者包括博物馆的建设者、工作人员、理事会成员、捐赠者和恩主；利用博物馆从事研究的学者、研究员、制片人、社会人士、博物馆藏品的制作者，以及博物馆所介绍的人；还有一些博物馆没有介绍过的人也有其实际的位置，比如，那些在殖民地威廉斯堡被奴役过却在早期重建这个村子时没有被提及的威廉斯堡居民。那么，是什么原因导致他们被忽略了呢？[2] 是当前的业主和附近博物馆社群的非游客们？还是那些在物质或精神上无法得到享受甚至恐惧博物馆的人？是否存在一个通用的博物馆社群？或者依据博物馆的类型和地理位置而产生不同的社群？这一社群包括过去几代人和尚未出生的人吗？博物馆对所有人的责任有分层，那么社群成员与博物馆之间有互惠的义务吗？如果是这样，该如何排名呢？博物馆在面对“它们的”社群时有得选吗？

对这些问题的任何回答都意味着要洞悉博物馆是什么以及它应该是什么，社群及其组成部分的概念也隐含在这些回答中。当代的惯例往往把社群与温暖、亲密联系在一起，以积极的眼光看待会员资格。[3]然而，某些东西或某些人是处于社群之外的。尽管如此，普遍社群的想法还是荒谬的。把社群成员连成一体的是他们共享的、将他们从诸多其他事物中分离出来的事物。这并不意味着要辨识社群成员是好还是坏——一群小偷可能是一个社群——但它的确意味着社群的概念本质上是"其他化"。因此，有属于也有不属于社群的，而且社群成员之间的关系也明显不同于社群成员与非社群成员的关系。

虽然"局内人"和"局外人"之间的关系并不总是相互抵触的，但是以朱莉娅·克里斯蒂娃称作"卑鄙"(一种既令人厌恶又令人着迷的感觉)的方式观察彼此的趋势始终存在。[4]"其他化"关系由主体的局内人假设的身份构建，这种身份将客体的局外人标记为一种奇怪的外来人。博物馆有助于国家建设、连接文化共性等，但就专业来讲，博物馆收集、研究、陈列、展示和解读"实物"，从而使自己与一个自我认同的主体的社群对齐。这些主体的体验内在地享有特权，甚至被认为对藏品也拥有认知优先权，这属于一种其他人或局外团体的体验。当博物馆接触到那些曾经的局外人，把他们当作同事并欢迎他们投入认知的怀抱时，博物馆打算提高内部人主体性的等级，但这并不容易实现。这种身份的差别仅仅与内部人社群有关，在标记这种差别时，内部人的体验更加不相融于以前的局外人，其意义和等级范畴在别处并不适用。所以，如果局外人想成为局内人，他们必须选择接受他们自己是被改造过的局外人，这是矛盾的，既关乎认知又关乎道德根基。一个局外人对某种情形不敏感，而一个局内人却否定它，这也意味着否定了一个人之前的身份。积极地肯定“局外人”不是一个好的选择。与此同时，从博物馆的角度看，要扩展其边界以接纳局外人，必须挑战当初成为局内人的条件。

《博物馆与社群》一书的编辑承认删减了一个专属的参考性标题，因为它的意思就好像博物馆拥有且像博物馆管理藏品那样管理“它们的”社群。[5] 正如编辑们所指出的，博物馆与许多社群有交集（它们大多富有生气并有较强的反应能力），却不拥有任何一个社群。甚至博物馆的雇员都是免费的合同代理人。不过，关于“拥有”的问题和策略，表现在博物馆的社群关系方面，与博物馆在藏品管理和展览哲学方面的问题和策略一样。

我们可以参照构成其身份的几个社群来检视博物馆，但是正如“内”和“外”在概念上存在问题一样，“所有权”的概念也混淆了博物馆和社群之间的关系。这不仅会冒着循环的风险，而且这种看似合理的方法只考虑了那些明显隶属于博物馆的人群，[6] 包括职员、馆长和那些负责博物馆日常运营工作的人。可以说，对于博物馆的观众、批评家和讨论博物馆内容的评论家们来讲，职员是塑造博物馆品格的最具影响力的力量，但博物馆职员在很大程度上是隐形的。不过，一种新的认识正在浮现，伴随着一种观念的转变，即博物馆是什么、做什么、谁来做以及如何做。新一代博物馆职员在文化水平和专业能力的构成上已不同于他们的前辈。[7]

专业

博物馆工作的专业化，已经把博物馆的社会角色和社会地位传达给了公众，但是在某些方面，作为一种社会目标，它又与来自各方面的支持相冲突。在博物馆培训越来越正规化且员工更专业的同时，博物馆正在转向非专业、非认证、“会说母语者”的本土资源，这也可以用来认证博物馆展览的真实性。博物馆对“社群”资源的依赖并不是对尊重卓越知识的肯定，而是对社群自我展示权的一种肯定。换言之，博物馆希望人们对它的了解包括主体和客体——展示者与被展示者。后者对前者在经验上的智慧和专业知识的应用有帮助，但不会比经过专业训练的展示者的技能更有价值。在展示者的眼中，经验的主观性使展览更有生气、更丰富，使展览令人难以忘怀，却没有在认知方面阐明它。因此，将双方都包含在博物馆社群当中可能会因为民主问题而引发矛盾，而且常常会在方法论、优先权方面引发冲突。

专业化趋势产生了一群拥有专业知识和技术能力的人，他们在学习或者做学徒 (通常由专业人员监督) 期间获得了相关知识和技能。[8] 毫无疑问，这场运动为博物馆带来了许多改进，比如，更高效的博物馆管理模式；更好的藏品保存和展示的物质条件；更有效的信息检索和分享系统；更便利的博物馆公共设施；更关注与收藏和出售有关的某些伦理问题；普遍的行为准则。通过开会、发行期刊、成立工作室和电子通讯的方式，博物馆工作者有了一种与工作有关的身份感和个人责任感。在愉快的环境当中，群体的满意度以及为社会目的而从事有价值工作的成就感,都是诱人的回报。这通常是员工对工资相对较低的一种自我安慰,只有那些最高级别的博物馆员工才会满意于他们的工资水平。

共享的利益、共同的语言和彼此的快乐,是许多专业组织社群建设的特点。这些专业组织社群是友情的合法根基,在群体内促进了交流,还巩固了群体在世界上的集体地位。专业纽带强化了群体的稳定性,以至于成员之间通常彼此保护,无法听到群体之外批评的声音。在那种认为只有局内人才有资格判定违规与否的观念之下,内部缜密的规程有时掩饰了外部批评带来的难忍局面。博物馆内反对专业化趋势的人有时认为,虽然保持专业水准是重要的,但是博物馆并没有什么独特的专业技能可以与别的专业活动区分开来。[9]

这样的争议固然存在,但国内和国际上成千上万的机构和个人,彼此之间通过关于出版物和项目的定期交流,业已造就了事实上的专业。他们宣称自己的使命是公共服务,在政府和非营利部门的鼓吹之下,他们努力完成该使命。

然而,从公众的角度看,专业主义常常会导致博物馆与其他社群的疏远。博物馆继续被视为社会和知识特权的场所。这种看法源自对富有的捐赠者和受托人的误解,这些人的地位处于博物馆工作者和参观博物馆的不太富裕的人之上。具有讽刺意味的是,公众对精英阶层势利的矛盾心理和对专业知识的崇拜,抑制了民主的实现,阻碍了博物馆扩展概念边界的目标的实现,而这一边界会使认知者和已知事物、收藏者和藏品的地位得以平衡。

藏品的收藏

作为收藏者，博物馆在传播文化价值方面举足轻重，在多元文化空间里保持着微妙的平衡。既然博物馆不是中立的“数据基地”，没有文化负担，那么博物馆就不可避免地要对收藏的物品和收藏行为做出解释性评估。收藏家们在收藏上投入了大量资本和个人性，恰如展出者禁不住出现在他们布置的展览当中那样。[10] 相对应地，藏品在被据为己有之后，也令收藏者受到影响。收藏者和藏品相辅相成，但不一定享有平等的地位。[11]

在文化遗物所构成的领域中，这些“被收藏”的物品要求拥有发言权。[12] 当博物馆拓展出更多的社群时，它们在活生生的“藏品”当中发现了抗拒因素，这些“藏品”拒绝专注于任何方面，除了博物馆自己的条件。博物馆遇到了不同寻常的挑战，这样的需求不仅不便于实际操作，而且还施加了博物馆自我反思的压力。例如，当一件物品被其部族拥有者认定是一千年前的，而现代的碳素断代法鉴定它是这个世纪的产物时，谁的时间判定会获胜？[13] 藏品的有利位置忽视了收藏者所熟悉的差别，反过来，以那种看起来明显古怪的观察结果取代了这一差别。限定这种观察的博物馆以一种反向的物化行为满足自我。[14] 另外，矛盾的是，转向更具包容性的社群增加了自我异化的压力。[15] 因此，在这种方式下，存在差异是成为社群的一个条件。

博物馆被这样的逆转所推动，正在重新考虑许多曾经看似简单的复杂决定。对博物馆藏品的恰当介绍，并不会被普遍地视为对它的褒奖。

这会是一种无视，或者更糟，甚至是一种侮辱？欣赏西方艺术的眼光，在看向不为共同目的而设计的实物时，表现得像想要施暴。对西方科学异中求同、同中求异的分类目光，可能同样被视为咄咄逼人，灵活的眼睛会像偷窃的手那样乱闯。由于博物馆概念面临挑战，与博物馆相关的类型学也动摇了，而且实际上，博物馆正在放弃它们。博物馆这么做意味着它们放弃了许多以前用以区分博物馆类型以及给历史文化和文明排序的分类语言。[16]

现在，博物馆分类明显不稳定，这归结于多种因素，但其中一个因素肯定是刚经过验证的，并且是对那些曾经出现在博物馆里的沉默的“藏品”的判断。处于那个社群之中对那些最近赋予的话语身份有什么益处吗？在有利于一个可疑的客观性分析的情况下，为什么博物馆选择接受加入某个系统的邀请（这个系统一直在抹黑博物馆的集体记忆和经验知识）？当然，明显具有安抚作用的政治和经济酬谢是有的，但在文化和认识论方面的作用不大。在传统博物馆发声的地方，“藏品”面临两难处境。通过述说，博物馆对它们宣称所代表的客观身份负责。如果博物馆拒绝发声，就意味着博物馆默许它们所代表的条件被强制执行。

凡加入博物馆对话之中的人都被迫采用博物馆对话形式，因而无法保证他们的声音会被听到。若要为博物馆里无声的实物代言，就必须学会收藏家的语言，遵循博物馆的相关标准，这样的声音才会被博物馆社群所听见——这个社群里的成员不会轻易分享或放弃自己的权威。实际上，在解释“博物馆物品”时，“本地释义者”和“资源人”都是“生手”，因为他们从一个已知的环境进入一个陌生的新环境中，他们与博物馆专业人士不同。[17]只有那些博物馆专业的人,才真正拥有处理“博物馆物品”的专业知识。

当博物馆传统之外的人得到解释的主动权,并以他们的主观声音发言时,博物馆才意识到其藏品不再拥有之前的“生活”。作为“说母语的人”,他们处于博物馆话语层面之外,他们处理未被问及的问题和已被遗忘的记忆,而这些对于专业的博物馆工作人员和传统的博物馆观众而言是模糊的。只有通过一个相互再教育的变革过程,在保证其利益必须被公平分配以及其最终的影响可以自我承担时,这些博物馆传统之外的人才有可能进入“博物馆社群”。

游客及其他博物馆观众

起初,博物馆没有必要去吸引公众赞助。收藏家们为自己收藏,并为同侪慷慨地打开大门。19世纪热心公益的慈善收藏家们真心渴望扩增他们的观众数量,但不是为了促进多样性。慈善家们家长式的目标在于提升和启蒙,从而使多样化社会变得类同,并把对美和真的热爱灌输给愚昧的大众。像他们相信命运一样,他们的文化扩张理想不是要增强差异而是要消减差异,要把大多数人吸收到一个单一、和谐、没有瑕疵的整体之中。

针对非传统观众的当代诉求,我们需要一种不同的、较为民主的世界观。美国博物馆协会1984年发表的报告《新世纪的博物馆》,称赞声音的扩散和美国社会的文化多元主义。该报告的作者支持尊重民族和文化差异的“全球性社会”精神，采用认可参与式的、非等级式的决策模式进行书写，这一模式培育了“全球性社会”精神。报告撇开了博物馆过去的实践，同时承认调和博物馆实践与日益增长的专业主义的难度。[18]

游客和工作人员进入博物馆，为多元主义和多样性付出努力，一开始只是寻求带动更多不同种族、性别、阶层、身体能力以及文化和性生活方式的人。逐渐地，博物馆发现，为了便于更多类型的人访问，博物馆需要在其内容和所提供的信息方面做出深层的改变。权威的宗旨没有突然或完全消失，但在经受许多抗议和漫长而痛苦的磋商之后，博物馆几乎在其运营的所有层面，的确做出了针对多样性的重要调节——新的游客也确实开始出现。不过，如今博物馆面临严重的反弹现象。完全可以理解的是，公众长期以来已经习惯了博物馆权威宣告明确品质标准，对博物馆的突然沉默感到困惑。那些习惯于敬畏博物馆并视博物馆为品位和真实信息的公平分配者的人们，因博物馆被假定为无导向性的探究中心而受到困扰。这种屈服于局外人对博物馆界的挑战的状况，对贬低博物馆的人而言，就像一个懦夫向纯粹的政治压力折腰。

对博物馆的批评人士而言，多元视角主义不是一种对多样性的真正探索，而是一种对偏见的让步。如他们理解的那样，屈服于外在压力的博物馆，没有担负起将专业知识用到博物馆工作上的历史责任。批评人士说，通过向特殊的利益集团让步，博物馆放弃了传播知识的基本使命。需要明确的是，多元文化的反对者不反对来自不同文化的藏品和展览。在“合格的好奇心”范围之内，经费下降了，博物馆应得的奖励是“根除错误和传播真理”。[19] 但是，像批评人士通常理解的那样，跨文化拓展必须用具备人类共性和绝对价值的信仰来调和。其他文化必须被展示为一种常见的被详尽改编过的统一体。因此,异议并不是多样性被描述的那样,而是指世界上所有的假设都被认为同样可信。

主张多样性和跨文化拓展的人们的确发现那些替代者是可信的。他们的想法是,博物馆不仅要重复其自身的见解,而且还要通过多样化的方式来扩大社群。[20] 为达到此目的,博物馆已开始采用新的方法接近社群,让他们在博物馆展览的策划和接待方面参与更多的活动。广义地说,博物馆这么做是在应对经济和人口方面的挑战。一些博物馆转向鲜活的文化,邀请当地居民加入。博物馆知晓这比口头询问和问卷调查更有意义。它们发现,博物馆职员和社群受访者既没有分享相同的疑问,没有分享相同的历史感,也没有秉持关乎彼此言论或沉默的观点。所以,当一些社群在言语上与博物馆保持距离,而其他社群意识到有机会讲述自己的故事并纠正一些历史误解时,便将其转向创造性的优势,以回应对话的请求。

底特律摩城历史博物馆馆长罗伊娜·斯图尔特指出:“传统博物馆已经说服了大多数美国人,是白种的盎格鲁·撒克逊人组建了这个国家,但事实上这个国家是由奴隶、自由的男人和女人、受契约束缚的所有种族的人,以及不同族群的男人和女人组建的。”[21] 如果传统的博物馆能够直观地强化优秀的白种美国人的概念,那么为什么不颠覆它们自有的赋权方法呢?通过将欧洲的技术用到非洲的口述传统上,黑人博物馆创办人宣告自己是“记录管理员”——一种调和非裔美国人斗争的记录。在内战前很长一段时间里,这些斗争一直表现在音乐、故事和节庆活动中。这些新的博物馆创办人积极响应更广泛的公众,为了做好记录而工作。

小型博物馆鼓起勇气发声,致力于记录许多社群当中特殊的遗产,那里的居民以前被认定为外来的少数民族,或是在传统的、百科全书式的博物馆里占据从属地位的"其他人"。这些新的博物馆放弃了普遍性,通过策划对普通社群成员有意义的展览,嘱咐他们在感受文化和参与体验方面担负责任。"博物馆物品"因此获得了新意义,但依然保留了其暗含的情感价值和文化意义。

约翰·基纳德于1969—1970年间在史密森学会的阿纳科斯蒂亚博物馆举办展览"鼠:人类自找的苦难"。这个博物馆位于华盛顿一个以黑人为主体的街坊,展览的细节描绘了老鼠的生命周期和城市生态,在这个黑人社区大受好评,因为它直面了可怜的城市居民众所周知的问题,并帮助他们应对一些日常经历。博物馆展览事实上把社群的元素介绍给了彼此,让社群成员共同努力。[22]展览没有由于受他人检视而迎合"他者"的抽象图景来展示社群,而是展示社群自有的问题和可能的选择。[23]

使街区融入博物馆、博物馆融入街区的新方法富含隐喻。"对话""契约主义""伙伴关系"和"会面基础"都被用来联想这样的图景:从旧的、藏品驱动的博物馆线性和分层的结构中分离,那样的博物馆通常对其邻居冷漠疏远。不过,对于任何未在民间文化中成长的人来说,以博物馆展览为媒介表达自我是一种妥协。目前还没有包含关于传统博物馆收藏方向的有效的隐喻。所有这些使得实物展览从属于一个关于构建社群和分享体验的焦点。

陈国伟对19世纪80年代纽约唐人街有过相关写作,并于1990年创办唐人街历史博物馆。他指出,所谓的统一社区是由那些拥有"华人血统"(由多重分散的影响形成)的人组成的,"虽然一个人可能是'海外'华人,居住在中国城,但他(她)也是一个下东区居民、一个纽约人,也可能在美国的其他地方或其他国家居住过"。[24]唐人街历史博物馆想要与这个复杂的社区同享作者身份,并担负关于展览的解释责任。博物馆利用这个机构热情地协调一些私人历史观点和学术研究之间的关系。这家博物馆希望通过这一方式,不仅能吸引当地居民(他们来一次就能看到代表他们自己生活的东西),而且还能吸引游客、历史学家、学者、其他移民、纽约人,以及主流的博物馆观众,这些人感受到历史在个人体验当中得以实现,就可能会对历史有更好的理解。

学者们倾向于使历史合乎教科书式的标准。博物馆的常设展览也常常将这个世界展示在固定的片段中,大量的、持久的展示压制了小规模的适应性展览和社会活态文化实践。但是,今天大多数社群都有着短期的、异于本土习惯的"边缘"文化。他们会就着金枪鱼和蛋黄酱吃百吉饼,还把中草药放在比萨上;在莎丽与和服之下,他们穿着墨西哥生产的网球鞋;给孩子购买本地的美国芭比娃娃。我们不会因为这些图片媚俗或者因为其"倾向于"普遍真理而将其清除,我们可能会反省,若有机会,所有的社群都会与局外人有交易,可能会有剥削,但经常是愉快且互惠的。

博物馆若另有他念,就会屈服于占主导地位的保守主义,它墨守常见的诸如性别、殖民身份、种族和阶层等的不平等。博物馆可以促进世界文化更加慷慨地彼此接近、交流，并以此来缓解由无知引起的无能为力。

研究和学术

博物馆开放并使知识社群去神秘化的抱负并不会降低博物馆的价值，学者们既是独立的研究人员、资源，也是收藏者。从保护的有利性看，学者们与收藏者对博物馆的贡献实际上是同等的。因为来历不明的物品对博物馆是没有价值的，所以收藏者常常需要学者们提供专业知识和评估服务。对于博物馆教育工作而言，学者也是不可或缺的，博物馆需要学者来教导讲解员，讲解员再把知识传递给来访的公众。在以收藏为驱动的博物馆里，学识的地位毋庸置疑。不过，在博物馆将工作重心转向更为广义的探究和观众体验时，学者们的角色就要被重新评估。

学术的价值一直存在争议。当学问被重视的时候，那些有学问的人就被高度尊重，但当学问只被当作一项实用技能的时候，比如阅读或驾驶，有学问的人就不会被敬畏。在博物馆"民主化"影响下，所有的教育机构对特殊学问的尊重程度不断降低，而对于被认为是人人皆可得的经验知识的尊重程度却不断提高。虽然学问绝不是所有追求它的人都可以得到的，但它不再与社会特权或者知识分子优越的假定相关联了。现在人们普遍认为，追求知识与追求自由和快乐一样，本质上是人们的一种权力。这并不意味着每个追求它的人都能获得知识，但他们至少有权使用知识。由此可知，任何人都不应被剥夺获得知识的权力。先不说实现此目标的现实性，虽然技术进步的前景广阔，但学术像水和空气一样，已变得商品化了。

学术展览“行动中”会如何？它会像罗丹的雕塑《思想者》吗？公众将通过什么方示被邀请来分享关于反省思维的进取心？博物馆能够找到一种形成学术工作的、在某种意义上与社会使命相符合、且与缓慢而又严格的学术步调相一致的展览方式吗？一些博物馆开始与学术社群成员通力合作来实现这一目标，它们邀请在职的学者做“原生态展”，来展示做研究的过程，就像历史博物馆展示手艺人的技术那样。博物馆在尽力消除那种认为学术纯粹是为了个人满足的见解，它们与学者们合作，努力将私人的知识追求与公开的可分享的体验相结合。始料未及的是，结果也许学者们（尤其科学家们），因合作调查、同行审查和相互批评而保持长期熟络的关系，这在帮助博物馆开展“公共服务”目标方面将是有所助益的。

在博物馆里展示这些在职学者或者搞研究的科学家们是少见的，相比而言，展示这些研究工作的成果或者产品更常见些。然而，展示研究过程倾向于使其人性化，并以此揭示实验要点。令思考戏剧化或者阐明协作的特性是不容易的，怎样才能使知识进程有一个可见的形式呢？事实上，我们知道这些进程（基于它们造就了工作社群这一事实）规律地在学者与学者、大师与学徒之间传递。正如博物馆想要激励一种假定可以分享的回应性体验那样，在学者们的帮助下，博物馆可能会成功地设计出方案，来激活潜存于每个人身上的协作认知能力。[25]

研究和实验的方法在各个领域都有所不同，且常常令人迷惑不解。老手们常被希望接受权威的学术结论，这是一种消极的、与学术研究的本质相抵触的行为，学者们通常也待之以怀疑和藐视的态度。因此，如果博物馆认真地展示研究过程，揭示其冲突、决断和局限性的话，就能够为学术研究和公众提供大量的帮助。为了区分出学术，一个人必须能鉴别（至少从理论上）学术研究、寻常的意见和不加批判的判断之间的差别。通过参与式的展览尝试，博物馆可以提倡尊重如下情形：提出聪明的问题，设计良好的实验，熟练使用多类型调查装置，利用有限的细节评估和推断的实践能力，以及提出关键问题（阐明证据如何被筛选和评估）的能力，这些是靠谱的学术研究的必备条件。

学术实践通常在社群情境下被学习与教授，它被用于公共领域并被验证。学术实践的过程，不单单能获得成就，还可以通过博物馆与学者的协作得以展出。最终，博物馆可能打造一条与社群相互尊重的纽带，这是由他们协作完成的智力劳动成果。

社群之群

无论如何定义，“博物馆社群”都是一种多术语关联体。那些建设博物馆并在博物馆工作的人，不仅仅是拿薪水的员工，而且还是这一机构最恒定的用户和评论家。他们将博物馆工作看作一种社会福利，而他们自己也是受益者。由博物馆发起的社群跨越了过去和未来，包括活着的和已故的人。无论是参观者还是展示品都有助于博物馆身份的存在，即使是那些缺席的人也不失重要性。预判一个任意类型的普通社群是不合逻辑的,但希望扩展了的博物馆能够帮助现有的社群更好地理解彼此,这并非毫无道理。

孕育了现代博物馆的同化的历史使命目前处于困境,与之相伴的还有疏远的客观认识论。讽刺的是,我们能够看到博物馆对成功挥舞了好几个世纪的审查大棒的屈服。这种客观的凝视在转向自身时也同样得痛苦地忍受。也许这是一个在博物馆当中、在博物馆与其他机构之间创建社群的时代。新的伙伴关系正迅速地发展到重新分配文化资源和技能方面。博物馆确定了它们在新兴的市民集群中的作用,它们正在成为一个目的地、一个在城市地图上被标了星号的场所。然而,尽管博物馆又开始受欢迎,但其身份还是模糊的,其命运依然晦暗。

这不是一处检查治理和管理实际进程的地方,更不用说给它“开处方”了。很明显,当博物馆更积极地与营利性休闲和旅游景点竞争时,也采用了对方的风格和主旨。同样地,当博物馆从企业界获得支持、提高管理效率时,也就与那些商业机构类似了。在“真实世界”里生存的同时,保持博物馆作为社群的完整性也是宝贵的。为达此目的,我们必须再次转向“博物馆是什么”这一中心问题,尝试理解博物馆在实物与现实之间的调和作用。

4 超越实物

一位批评人士曾说，博物馆里“满是废话”。他还抱怨称，博物馆化使物品失去了效用，把物品固定在一个隐蔽的、阁楼般的环境中，在那里，除了更多“无休止地胡言乱语”的物品外，再无别的，这是一个由碎片构成的空间。[1] 墓地和百货公司代表着埋葬和交换，这是物品常见的两种极端命运，而博物馆常常被拿来与这两者相比较。作为终极的唯物主义机构，博物馆似乎以实物替代了人，提取了人们的生活和思想，还试图通过这些方式，使过去的精神文明永垂不朽。

实物之存在

为了理解博物馆将物品残渣转化成历史、知识和艺术精品的“炼金过程”,我们必须首先考量实物本身是什么,以及实物进入博物馆后会玩一系列什么样复杂的招数。一件物品从物质和能量的分子王国退出,进入主观意图的世界,由于被关注而成为实物。一些物品在博物馆里传递出虚拟化的状态,而其他的则不会。物品被博物馆吞噬之后被再造了身份,但不会永久保持。无论实物是否有本性以及是否存在于自然界中,它们都有多重生命。在概念上,它们存在于精神层面,具体来讲,又处于实物的铰接系统中。[2] 因此,在述说方式上,所有的实物都是人工制品,而且无论是天然的还是人造的,它们注定都有“双重国籍”。

物质性并非物质必不可少的,感知也不是客观存在的一个充分条件。作为实物,其存在要在一份实在或潜在的意识之前被呈现出来。[3] 符号学家们将实物、文字和图像都当作“意义单元”或“符号功能”,其存在不仅与其内在相关,而且作为一种社会事件也是可体验的。[4] 在存在主义方面,作为现存的精神实体,实物都位于系统框架之中,这些框架将它们同构建意义的主体和其他客体联系在一起。[5] 这个框架暗示着系统及其元素皆归因于制定者。大多数人都不是自己所用系统的最初制定者,这是导致我们彼此孤立、沟通失败的原因所在。我们只是继承了遗产,没有进一步思考它们的来源和潜在后果。充满创造力的人们有时会想出新的与现有系统相连接的系统,并将它们的进程转到制造新的配置上。因此,实物是具有功能性的,会中断但不会摧毁体验的连续性。

当代读者因一份关于“古老的类别”的奇怪列表而感到困惑。这一列表来自中国某部百科全书,它把动物分成如下类别:

(1)属于皇帝的;(2)有芬芳香味的;(3)驯服的;(4)乳猪;(5)鳗螈;(6)极好的;(7)流浪狗;(8)包括在本分类中的;(9)疯狂的;(10)数不清的;(11)用一支非常细的驼毛笔画成的;(12)诸如此类的;(13)刚刚打破水罐的;(14)远看像苍蝇的。

米歇尔·福柯指出,我们对这个分类法表现出的惊诧显示了我们自己思想体系的局限性。[6]那么,什么样的解释是不可想象的呢?博尔赫斯那些奇怪的混合物的基本特征与那些宣称“理性的”、更加普遍的联系,共同之处就是福柯所说的“牌”,“它会使思想在世界的实体上运转,将思想置于秩序当中,把它们分门别类、按照名称进行分组、列表——自开天辟地以来,语言就基于这张表分割了空间”。正是这么一个“网格”或者“隐藏的网络”掌控着秩序,在秩序之内,事物通常被体验为真实的。“文化的基本准则——那些统治着人们的语言、感知模式、交往、技术、价值、实践层级的东西为每个人创建了经验性秩序,处于其中如在家般自在”。[7]被公布于世之后,文化准则就会变得无效,可能要依靠另一套系统,有区别地管理这个世界,并公开面对质疑。

福柯探究了构成知识基础的秩序模式考古学,他发现,当人类(人类社会的几个杰出成员)放弃了“宇宙是一劳永逸地给予的”这一想法,并宣布自己是创造者和仲裁者时,就会有如地震般的破坏性。然而,自我创造需要彻底的自我界定,它们的相互异化和物化也是如此。一个人不需要认同福柯的每一条哲学原则以明确该观点:所有的文化通过与其他文化相比较来定义自己,通过它们指令下的机构来应对陌生感。因此,语言、科学、宗教仪式、家庭和经济实践，联合其他系统，这个系统保存了一份谨慎的自我，并维持着支撑它的不稳定的基础。

实物，被认为是“非我”——我拿着的杯子、我抚摸的小狗、我听到的声音、我想象的书籍、我演讲的听众，皆因特有的意图而被接近。它们在你的掌控之外，又可能被支配。它们可以被抓住、抚摸、熟知、爱、吞下、摧毁、想象，由此被占有。作为财产被占有之后，只要它们的身份在事实上不同于拥有者，实物（包括人）就扩充了其自身。客观性处于不牢靠的、令人不安的自我与非我之间。

通常，我们以一种经济模式来理解实物，它们的生产、交换和消费情况混淆了它们的商品性，那只是赋予其意义的一种方式，与它们的身份有关。身份出现于社交上的自我定位，但在那方面，实物绝对、永远不会被固定。和人一样，实物也有社交生命。相对于其他东西而言，实物以其自身的形式存在，也会因其自身的经历而发生改变。在一些实物的生命周期里，甚至可能有一个正常的阶段性序列，类似“生涯”，人和团体的生涯可以辩证地互动。[8]

从社会的视角来看，通过给那些对其重要的保全它们的事物命名、向社会成员灌输有关价值和用途的知识、在日常或具有仪式感的生活中为它们的存在创造机会，来增强其连续性和耐久力。[9]这些目标通过无数仪式和机构得以实现，并通过送礼、休闲活动、侵略、商业交换、宗教仪式、自身装饰、药性实践、艺术展示，以及社会认可的赋权规则表现出各式各样的实物特征。就社团成员来讲，他们了解、接纳并吸收这些行为，也不完全排斥远距离欣赏可比较的外来实践。通过构建一个首选的框架,不时地通过可控的、对他者的一瞥,使自由社团得以更新,并增强其成员的自我性。相比之下,保守的教育是通过排斥他者来保护自己的架构的。

因此,主体和客体动态地处于不稳定的平衡之中,它们相互依赖,一个还潜在地以另一个为代价而存在。自我的生存需要稳定,这要通过逐步地同化差异性和不时地打断同一性的连续性来获得保障。实物就是其自身的残余,它所包含的意义和在时空中的持久性,是自我真实性的见证。这也是实物如此有趣的原因所在。总的来说,社会将其结构与实物的获取相互关联,并以此来构建自我,从而使人与实物相互成就。

博物馆实物

如果人和实物都在真实世界里为彼此打基础的话,那么在博物馆纯净的世界当中,实物就只能排在第二位,实物的真实价值会得到升华,并且单独成为意义的牺牲品。虽然博物馆因其实物收藏而知名,还受到了学习"物质文化"的学生们的密切审视,但是博物馆明显与意义的传播相关。现在博物馆内的实物与它们在前博物馆的储存状态相比,质量和周长都没有减少——对于那些负责包装和运输它们的人来讲,这是一项重要的考量,但是对于获取和管理它们的馆长们而言,实物被纳入博物馆后,它们的物质体量与其身份就只有一种残余关系了。在从实物到博物馆实物的转移过程中,实物的使用价值和交换价值都发生了变化,也失去了一些其他意义。从定性方面看,在没有明显变化的情况下,实物被剥夺了那些特有的性能,而正是这些性能使它们有资格成为博物馆的选择。其中之一变成唯一,具有功能性的变成闲置的,私人的变为公共的。并且,实物当下的情形合并了其之前的状态,并且,考虑到实物自身的意义而依赖于当下。

作为藏品的保有者,博物馆显然不是最先赋予藏品以意义的,在博物馆之前,至少存在一层解释性干预。尽管如此,博物馆在实物意义的验证上仍然发挥着重要作用。博物馆分担着维持实物系统的责任,这一系统能够使社会存在和重建过去得以稳固。

博物馆实物得具有显而易见的价值,此价值独立于物质属性之外,部分地独立于其早期的实物身份之外。不管如何衡量它的物质价值,实物的博物馆价值源自不同的评判标准。实物卑微的商品身份不会限制其博物馆生涯的光明前景。一个破碎的白桦皮篮子或一件破旧的羊毛斗篷,可能被视为博物馆珍品,就像一个饰有珠宝的高脚杯那样。尽管博物馆实物有卓越品质,但其物质性未必是一个必要条件。由于博物馆最终保存和展示的实物是非物质的,所以对于它们那作为标志或象征的功能而言,其实物的物质性则是次要的。

从管理物质的语用学理论来看,大多数博物馆的关注点是令人迷惑的,它们热衷于在令人不快的地方对多余的物质进行无休止地斗争。在这种情况下,纷扰掩盖了实物真正的优点和博物馆为观众提供的满足。博物馆实际上成了仅仅流于表面的实物的仓库,实际上,实物始终是意义的容器。然而矛盾的是,博物馆收藏的实物,从起初神圣意义的语境上脱离了,摆脱了它们曾经的意义,获得了新的意义。尽管有专家的验证和内行的鉴别，博物馆实物也只保留了它们所替代的实物的剪影，它们实质的灵魂得到了升华。

无论从任何一个历史起点来追溯博物馆的起源——毕达哥拉斯的缪斯神庙、亚历山大的图书馆或者文艺复兴时期的奇异柜——关注博物馆的意义永远是至关重要的。与博尔赫斯的幻想相比，眼睛和头脑的顺序随机特性似乎更习惯于流程图和时间线，中世纪和文艺复兴时期的收藏家们有选择性地来布置他们的柜子。神圣罗马帝国历史悠久的宝库，由奥匈帝国哈布斯堡家族从 13 世纪一直保管到第一次世界大战结束、家族解体为止，此项收藏开启了个人财富的囤积模式，该模式逐渐被视为象征主权。财产，特别是依靠武力从别人那儿得来的，是所有者实力的象征，代表了已逝的辉煌。[10] 但是，具有象征意义的财富并非收藏的唯一的理由，物质财富的收藏也传达着意识形态的启示。就被编入一种理想化的组织而言，文艺复兴时期的奇异柜被弗朗西斯·培根描述成一个喜剧世界、一个世界的缩影，诸如“你可以在小小的罗盘里得到一个私人的宇宙模型”。[11]

起初，自然界里的各种搭配，被认为是由上帝意志指定而结合的，但是逐渐地，在文艺复兴时期，自然秩序凭借其自身的力量成了魅力的源泉。人类利用聪明才智，通过深思熟虑，“将有意义的实物仔细地组合起来”，复制上帝的创造。一些收藏家通过合理地设计可辨的、有序的组合，甚至试图改进上帝的偶然失误，从而揭示了一种典型的科学旨趣，预示着藏品在教学和研究方面的应用。[12]

天然的藏品和人造的藏品可能有、也可能没有区别。当人类生产被简单地理解为众多天然进程之一时,藏品作为部分对整体的代表,值得被首先注意,那种在今天似乎不证自明的差别在当时是不太明显的。如果意义本质上是天然的,那么一份有意义的实物收藏就不可避免地成为整体的一个隐喻,按照不同的标准解释它可能会出现意义的扭曲。从一个收藏中取出而被放入第二个收藏中的物品,将承载新的意义,同时也将改变这两个收藏的意义。时光流逝,经过传承,收藏及其包含的实物产生了多棱镜式的意义转变。

博物馆学在实践方面的变化既反映了哲学问题,也反映了实用主义的文化情境。曾经被尊为权力的承载、个人财富的象征、神圣的理由,抑或仅仅是稀奇物件的实物,可以用来激发人们天才般的品鉴能力。不过,要达到这样的认知能力,需要对人类创造力和审美判断有所理解,而这在 17 世纪之前的欧洲并不流行。专注于一种被感知的品质美的独立美学,是 18 世纪德国哲学家亚历山大·鲍姆加藤提出来的。[13] 艺术史和艺术批评大约同一时间出现,将大师排在工匠之前,使"艺术品"概念合法化。[14] 长期以来,为尊崇皇家收藏,将那些油画、版画和雕塑保存在画廊里,并与那些存放奖牌、硬币和饰品的地方区分开来。回过头来品味,艺术被当作是受激发的兄弟会成员的工作,其乐趣表现了特权阶层的品位。18 世纪后期,庞大的哈布斯堡收藏被分割开来,各自处于单独的管理之下。现在,科学、艺术和手艺彼此分离,每一类收藏被按照不同的博物馆学原则进行组织和照管。[15]

18 世纪末博物馆对公众开放,它们收藏的实物再次遭遇说教式的意义转变。新的道德和实践课程与通常的文化建设和公民自豪感一起,将通过实物来传递。卢浮宫于 1793 年由拿破仑转化为“人民宫殿”,它藏品的不仅仅是战利品,也是新秩序的象征。卡罗尔·邓肯描述了那些以前赞美王子的实物“不得不获得另一层意义,一层可以被抹杀、否认,或者从根本上扭曲先前意义和用途的意义”。[16] 在精心设计的博物馆情境里,一直代表物质财富和社会地位的实物,被神奇地转化为精神荣耀的颂词。这种带有歌颂目的的新艺术史学,在今天主要美术馆的肖像装饰方面依然起作用,它可以将民族性格与艺术天才的神话交织在一起。

美术馆可以毫无保留地述说审美想象,可是当各类博物馆都参与到实物的改变当中,将存储在一个维度里的能量兑换成另一个维度里的新的人为表达。博物馆尽管不是简单的静态实物的储藏室,但也因此成了分门别类的仓库。博物馆是动态的转化者,在这里,能量被转换、被重新分配,又被重新释放。

虚构的实物

现代主义和 19—20 世纪新的美术馆,给那些与伟大历史传统相关的实物添加了一层意义,并逐步取代了实物原本的意义。形式主义声称,除了普遍的审美语境,要从所有语境中切除实物,从而打破前几百年精心构造的一些关联。现代主义博物馆理论把卓越的价值定位于藏品之中,这令人想起中世纪的永恒主义,特别是被确定为艺术品的实物,被设想在一个虚幻的空间里,也正是这个空间引领着它们自己的生命、超越时间,并处于日常琐碎世界之外。

然而，与中世纪那些实物不同，那些汇聚在现代博物馆里的实物代表着一种不朽的永恒——永恒的空虚。没有描绘令人眼花缭乱的繁复的细节，现代美术馆邀请观众彻底摆脱过剩的历史，[17] 这就鼓励观众分享。起初考虑到普遍规律和美的领域，美术馆的信使是“纯粹的”实物。接下来，信使成了焦点利益；“纯粹”的实物接管了它所处的环境，甚至使观众专注于实物本身。布莱恩·奥多尔蒂这样描述仪式空间，在这个空间里，“力量的感知”凑在一起完成了它们的转变：

> 构建一个画廊的规则同建造一座中世纪的教堂一样严格。外面的世界不必进来，所以窗户通常都关着。墙壁都漆成了白色。天花板成为光的来源。木地板被抛光，以便走路时发出轻响；或者铺上地毯，以便无声潜行。眼睛盯着墙面，歇歇脚步。艺术是自由的……“呈现其自己的生活”。[18]

随着艺术品作为有“其自己的生活”这一整体而出现，创作它们的艺术家们的职责，就是去满足艺术品被隔绝在画廊和博物馆里的生活。其他一些世俗地开启它们生活的东西，完成了普通功用的实物——瓶架、桌子、蜡烛剪等——被艺术家或者博物馆里的策展人拣选，也能被提升至艺术品的高度。现代美术馆背离了“19世纪”先祖的类别划分，美化了每一件展出的物品，以至于连灭火器和出口标志（更不要说漂流木和小摆设）都呈现出艺术的光环。当实物被拿到博物馆之外的时候，它们会恢复以前的状态；或者说，如果它被搁在一个历史或民族志博物馆里，它就获得了一个新的文化意义，一个既不同于美术馆也不同于先前陈列它的博物馆所赋予它的意义。

然而，作为博物馆实物，或者为博物馆而创作的实物，它栖身于虚构的空间，是由其自身的法则定义的。这些法则，虽然直截了当地与“真实东西”的法则唱反调，但在其自主的表象下面又隐藏着引喻。现代艺术作品拥有自给自足的完整性和唯一与虚拟的客体有关的、正式的纯粹性。它们属于一个艺术世界，那个世界内部完整无缺，但充满争议。艺术世界里的战争，受现实世界里经济的影响，但是在博物馆内受保护的空间里，因审美斗争而引发冲突和喧嚣完全就是神话。[19]

现实世界中的事物令其在艺术世界里的对应物虚拟化了，但这些世界并不是同构的，现实世界和艺术世界并没有通过镜像或者回归关系来产生某种关联，这种关联曾将中世纪的藏宝柜与物质世界绑在一起，与其相关的某一模仿物的本体也失去了神圣感。现代艺术世界是一种投影，而且只是现实世界抽象部分的投影，它既不是现实世界的真实写照，不是象征，也不是一个可以理解的完美承诺。为艺术世界消费而产生的艺术，通过编辑、扭曲、辩证或争论，呈现出那些真实世界的实物。公众看到和听到的只是一条信息，而非解释。艺术是独立且自给自足的，其唯一的目的就是提供无偿的乐趣，使人满足。艺术仅仅是为了艺术本身。

当事物通行在可以渗透的边界之间时，就是不朽的——从真实的世界到艺术世界，再到虚构的博物馆世界。火灾或者故意的破坏行为会消灭它们的物质性，但批评意见和相反的判断会造成更具颠覆性的摧毁。裁判员或批评家，可能就是你我，相应地，也是一个虚构的存在、一个艺术世界里的工件。布莱恩·奥多尔蒂将批评家形容为“渴望携带意义的分量,但不一定总能胜任于此”。观众们力图减少自己进入艺术世界的程度,但并不等同于知识负累。一旦进入博物馆,观众必须放下对日常生活的关心,与艺术世界谈谈心。这是必须要做到的,理想的博物馆必须清除所有的干扰,以强化那拔高的超俗状态,不该有多余的物品防碍观众的视野,像吃喝、嬉笑这样的家庭式行为,会让同行的观众和穿制服的警卫大皱眉头。[20]

如果观众无法忍受艺术世界的无声环境,开始渴望真实世界的噪声与喧嚣,那么脱离了真实世界的艺术家们就不大可能维持长久的艺术生涯。虚构的艺术世界是一个临时的替代品,来自真实世界的连续流量维持其生存。讽刺的是,艺术世界是短命的,除非来自其下的真实世界使其焕发生机。因此,如果它们被留下来延续它们那未被更新的、天外来客般生命的话,博物馆实物就失去了魅力。博物馆中充满了处于垂死状态的渐渐衰落的事物,除非来自真实世界的手或者眼睛用新意义的魅力触动它们,才能使其获得新生。

定期的复兴确有发生。一段新的博物馆学插曲在20世纪60年代的某个时刻开始了,空洞的眼睛因其被动而被摒弃。被现实世界政治活动所鼓舞的高涨的能量,激发了艺术世界的知识再评估。一时间,两个世界都属于人民。从良性的不合时宜的顶点滚落,艺术世界紧缩了。艺术世界与现实世界的命运合并到这样的程度,以至于艺术世界的一些占有者转而拥有现实世界的性情。在安迪·沃霍尔的领导下,某些艺术家创作了关于他们自己的艺术品,随后,艺术品再次崩塌,成为日常生活的蜉蝣。这些重生的艺术品嘲笑美学的合法性，而一直以来，美学都反对世俗的生命力。[21]

博物馆遇到了以各种方式被重新评估的问题。有些博物馆的收藏被认定为缺乏历史的广度和深度，最尴尬的是艺术和历史博物馆，在过去，它们的收藏一直有意地迎合特权阶层的雅趣。不过，即使是那些有特色的博物馆或者它们那古怪的同类（主要是历史和人类学博物馆），过去也一直忽略普通的潮流。此外，很少有权威记录还在为那些本地实物代言，那些物品通过某种途径进入博物馆，可是现在却躺在冰冷的地下室里发霉。这些东西的意义必须通过扭曲的学术透镜来重建，学术自身也受到有限证据的阻碍。学者们不得不学会根据新类型证据做出推论，因为符号学的规则从未被书写过。而那些在他们的解释里最有文化的人——基本用户，却缺乏相应的权威。而且，他们可能不信任那些爱管闲事、只会嘲笑和误解他人的陌生人。

被解释的实物

博物馆希望扩大它们的解释者团队，利用个人轶事来削弱学术和技能的专业主义。并且，博物馆减少了对“真的”实物的依赖，反过来转向口述历史和回忆经历的重建。这些方法可以结合起来，把回忆和研究放在一起，通过讲述叙事性的故事，再找出或者虚构实物来阐述它们。实物自身不再是目的，它们再一次被联系到故事当中。

为了捍卫以故事为导向的展览策略，史密森研究院“从田野到工厂”展览的策展人斯宾塞·克鲁斯和詹姆斯·西姆斯声称，真实性不在实物里，而在它们所呈现的历史概念当中。为了说明 1915—1940 年间非裔美国人从南到北的迁移，策展人使用了准确的历史物件和典型实物，但并非所有实物都与真实的人有可靠的关联性。克鲁斯和西姆斯提出，实物的来源（谁拥有、占有、穿着或者使用它们）在权力关系中的重要性下降了。特别是随着大规模生产和消费的出现，从遍及全国的商品目录中售出完全相同的商品，对游客而言，文化趋势和传统的代表比它们特别的历史要更加有趣。它们的真实性体现在一般的而非特殊的实例上。[23]

展览“从田野到工厂”以一种新的方式，将历史事实直面观众。“观众可以在离开或留在南方的理由之间徘徊；观众希望的任何程度的承诺都可能触及暴力和种族隔离的问题。但是每个人必须向北走，走进隔离的阿什兰火车站，每个人必须选择将自己置入‘白人’或‘有色人’这两种类别当中。在阿什兰车站门口，确实存在法定的种族隔离情况。实物可以是一件复制品，其形式有点类似图表化，但不是隐喻。充满想象力的真实，被懂世故的观众（合作者）体验为当下的真实”。[24]

这个展览被设计为一个事件以吸引观众，充当“社会意义的联合创作人”。衡量展览成功与否是依据经验的——唤醒观众将想象的当作当下的真实。根据这一模式，真实性关系到“触及游客生命”方面的成功，而要实现这一点，需要尽可能多地通过场面展示，或者展示诗意，如同常见的确认程序那样。

物质文化的形式和实物的语法、语义学，被人类学家和考古学家首先以观察的方式展开研究。调查人工物件的社会学家、法医学家和社会史学家们,试图重新探究人们使用东西的理由和目的。早期的实证主义学家相信事物可以直接且明确地“为自己代言”,认为事物和感知者之间的解释不仅是不必要的,而且是虚假的。而现在,物质文化研究领域的学生们持相反的观点,认为人类对自然系统所有的干预,无论是种植果园、筑坝断流、烹饪、舞蹈还是收藏,都应被看作是人类手工生产的形式。所有这些都是想象力事件,因此免不了要对其进行解释。比如录音资料,其本身就是一个概念性制品。实物是有组织的人类行为信息的基本来源,博物馆是实物存储和实现多样化生命的主要中心。

纵览几个世纪以来的收藏和展览,对博物馆中的实物而言,常见的不是它们的物质史,而是对实物的解释方式的变化。某种夸张的方式会使一种解释似是而非,但不能单独地掌控解释的可信度。想法,特别是那些违反传统特性的想法如何表达出来?有说服力的展示,例如措辞、音乐和场景等,它们的价值,总是仅次于可靠的研究。通常情况下,策展人的专业始终体现在明智的选择、品位、巧妙的安排以及对物品熟练的阐明方面。但现在,推销方法比以往任何时候都更重要,博物馆正在拟定表述策略方面投入大量资金。许多机构因此一直陷入市场研究的纠结之中。在讨好赞助者方面,博物馆已经采用的方式不只是对话型的,还是多重逻辑式的。博物馆成了表达风格多样的主持人,它们呈现出多样的的真相,时常令人无法辨别。

众多的声音带来了嘈杂的言论,有时博物馆会着手协调,但它们不认为那是理所当然的。新的声音随着政治运动而摇摆不定。20 世纪 60

年代，关于自主权的诉求给博物馆带来了影响，导致相关领域的专家们与“本地翻译家们”的关系变得不和谐。

客体政治学

无论是否有意，博物馆都成了文化抵抗的中心，它们与其他文学和艺术方面的解放运动同步，鼓励自我表达。于20世纪70年代被正式提出的一种批评理论，意在阐明读者和文本之间的互动关系，开始在包括博物馆在内的更为广泛的领域来获取政治筹码。“读者反映论”提出这样的观点：读者积极的、善于接纳的声音，在构建文本意义方面与作者的声音相关联。此理论坚持认为，就语言表达而言，实物是针对翻译者的，正如文本是针对读者的一样。没有读者，文本就失去价值一样，同理，没有博物馆观众，博物馆实物就是光秃秃的花托。

像文学书籍一样，物品潜在的影响只有在相当于阅读行为的理解行为下，才会被实现。[25]那种行为可能会赞同、也可能会反对作者的写作行为或者策展人的策划案。在博物馆里，策展人的声音与其他展演者的声音可能一致也可能出现争执。不会再有一处宝藏在专家的指导下被发现；相反，许多表演性的邂逅造就了实物，可能已有许多世纪了。在这些邂逅里被满足的，有制造者、使用者、艺术家、历史学家、批评家、科学家、编年史作者、收藏家、博物馆工作人员和当前的博物馆观众。

所有的参与者都会在这种邂逅中或多或少地发现他们的期望得以满足。在他们当中，没有人比其他人更多地要求对实物“真的”意义享有所有权,所以实物的目录描述就不再只是反映不公平现象了。我们可以想象,一个中年白人男性游客在历史博物馆中面对一把带节的木柄铁叉时产生的困惑,而他的女伴侣,虽然之前从来没有见过这种东西,但可以自信满满地称它是"卷发棒"。对女性来说,美妆工具,无论多么古老,都与那些武器和机车设备一样,是社会环境的重要部分,而且一样易于识别。男性观众的研究方式是经验主义和功利主义的,反过来,女性观众的研究方式则是移情和动觉的。男性对体验的理解会涉及制作和技术操作,而女性则更倾向于使用者的感受。当然,这两种体验都关系到策展人、保管员、展览设计师、讲解员、捐助者和博物馆托管人的体验,所有这些人都是与展览相关的当事人。

然而,对任何一种解释的合理的否定,并不是宣称一切均等。一些读物替代了其他读物,不是所有的读物都能相互兼容地和平共处。不一致的解释引发了政治异议,这是松散的博物馆等级体系一直无法解决的问题,还没有规范的、有针对性的方案足以处理此事。可能最丰富、最令人满意的博物馆体验会产生于最混杂的交集之处。这样的冲突不会否定客观性,也不会为了做出判断而由于缺乏明确标准而在暗地里搞破坏。在这样的节点上,被揭露的是互为主体间性的建设性角色,这是完全不同于协议的东西。意义不会出现于多个声音的纯粹存在中,更不要说它们那被迫的和谐,而是在辨别习惯的仔细培养中获得学习。

我的意思是,客体与文本一样,是由来自个人、社会组织和机构的多层次的关注行为引起的。社会上客观化了的东西被意义所充满,一层摞一层,处在被批准的参考结构中。作为具备规范性权力的收藏者,博物馆有权选择仅仅照管实物，或者探索实物复杂的更深层面的问题，传统博物馆通常选择第一个选项。当代博物馆被政治压力和概念创新所驱动，正在处理从异议和反对的边缘投射过来的被扰乱的意义。因此，这不是聚焦于那些将今日的博物馆与过去的博物馆区分开来的意义，而在于它们拐弯抹角的感性意义。意义转化也不完全是一个新的想法。有史以来，博物馆收藏的意义一直不断地发生转变，通常是连续的，有时会同步，而博物馆收藏的物质内容则没有显著改变。

博物馆依旧收藏实物，并且依旧以其藏品的规格和品质而自豪。博物馆持续保存和研究实物，但其主要业务既不是发现也不是保存实物，而是要培养由实物得出的主体间解释。博物馆不再满足于被标榜为墓地或百货商店，它们现在扮演着导演角色，且已经成为体验的制造者。

从实物到体验

大屠杀、登月，抑或日本难民营的意义是什么？今天一些博物馆和博物馆展览，通过几件文物为观众营造了对那些事件的“体验”。这些展览与所展出的实物无关，但展览利用了历史物品，诸如货运火车、月球表面采回的岩石、士兵的水壶、煤气罐和儿童玩具，旨在引起观众兴趣而非讲述故事。实物可以作为一个主题的证据，或唤起发生过的事件。作为有因果关系的标志物，博物馆是怎么通过这些实物追溯历史的，同一件物品也可能用一种或多种声音说话，将一个事件引向一种特殊情感。相比激发博物馆游客的感受或体验而言，纪念性展品向游客透露的事件信息更少。例如,美国大屠杀纪念馆的许多游客反映,从他们进入建筑物的那一刻起,就感受到一种恐惧和压迫感,他们聚集在电梯中、下到狭窄的走廊,好像无处可逃。这是博物馆设计师拉尔夫·阿普尔鲍姆有意精心设计的,他写道:“将人们控制几个小时,是为了使他们得到某种体验。”[26]这个展览利用实物营造一种环境,通常还包括具有启发性的音乐和戏剧表演,在游客当中营造一种既是个人的也是共享的体验。

这种体验令博物馆物品有了生气。在某种意义上,实物并没有真的在那里。比如,许多科学中心的展品,只有当游客们进入体验状态时,展品才会出现。感知现象如视觉幻象和余影,它的出现需要游客视觉生理机能的合适存在和旨在生成事件的设备的激活。在这样的案例中,博物馆实物不是那种可以被收集和存储的东西,只是在博物馆具备了某种条件的情况下,游客可以符合预期地“获得体验”。

科学中心在体验设备的隔离和控制体验的可靠性方面,可能有些激进。[27]然而,博物馆焦点旨趣从客体转移到主体,更确切地说是博物馆与体验的结合,这在所有博物馆当中反映了一种新趋势。这种转变还需要一种关于真实性的深刻的再概念化,因为现在博物馆的承诺就是体验真实品质,实物已经成为博物馆营造体验的一种手段。实物的来源相对其主观效果而言则是次要的,这种效果,正是博物馆努力要实现的“真的东西”。众所周知,某些刺激手段在产生体验方面更有效,而传统上的“真的东西”在营造体验方面并不总是或者必定是最成功的。模拟能够很好地起作用。离开了电视和电脑屏幕的公众不会因为并不“实时”的展览而苦恼,常常会热情地接受“真实的”参与式的幻影成像。[28]

设备和概念艺术的出现，以及效法它们的所有艺术的再概念化，暗示了构成艺术体验的管理系统。美术馆与其他艺术界的机构一道为生成可以预期的体验而工作，这种体验在理论上可以发生在任何地方。这些机构拥有程序化的条件，在那种条件下，艺术品可以被理解，但相比不同于文本的读物而言，艺术品不会被更多地“包含”在博物馆里。不是博物馆藏品，而是其具体化的肯定力量，使博物馆能够控制并清晰地表述游客的体验，[29] 这种力量不会被缩减，它来自一段复杂的、有意识或无意识的社会交往的历史，许多参与者为之付出了努力。[30]

过去，实物收藏依据一套评价标准——如罕见性、典型性、历史重要性、审美性，或者代表性优点之类的专门标准。然而到目前为止，尚没有一套清晰的标准来定义体验的品质。内在的隐私性使体验比实物更难解释和评价，实物有一张明显的公众脸。博物馆旨在达成何种体验？愉悦？启迪？满足好奇心？启蒙？敬畏？惊奇？毫无疑问，所有这些都属于“博物馆体验”，但不只有这些体验。[31]

由策展人、展览设计师、教育专家和评估者组成的展览团队，正在努力带来某些与特定博物馆的选定特征相一致的体验，它们的宗旨还反映了其他规范性的社会期望；它们涉及认知理论和人们的信仰；它们遵守当前关于博物馆对公众的责任以及公众是什么且应该是什么的观点的假定。值得注意的是，博物馆现在提出自己是公共机构，对人民及其价值而非对实物价值负有基本责任。因此，博物馆对现象学方面的兴趣和影响，已取代了现代博物馆的分类和保护性冲动。

在对同质性认知和奇特真理充满信心的地方，传统博物馆可以假设它们说教的权威被普遍接受。当代博物馆已经不再肯定多元化相对主义,但它们继续对情绪上的一致保有信心。与个人体验相伴的拥有感,被用于证实那种体验的真实性;博物馆以及其他机构,正在审查那种将主观肯定通用化的可能性。[32] 被重复强调的私人赞同等同于公共认同,而且据称要给予其普遍性。现在,强大的、广泛分享的体验感受声称要比正式生效的证据或受控的调查更具决定性作用。

因此,收集实物的技术给生成体验的技术提供了方法。这些体验的影响无疑是真实的,但体验及其所取代的博物馆实物一样,都是被生产出来的,因此是人为的。现在的重点是过程和构建,而非生产。观众被鼓励参与博物馆营造体验的过程当中,这很像是没有被展示给客人的备餐过程,博物馆观众也被邀请观察自己和他人的互动。因此,当博物馆与"真东西"的浪漫关系尚未减弱、忠于真实的职业持续者之时,"真实"已是一种主观的、由每个去博物馆的人自行臆测并私自侵吞的东西。[33]

实物的超越和体验的提升引出了博物馆必须要解决的问题。体验之更大的完整性尚未通过客观方法被证实,但似乎有一种日益增长的共识,那就是由衷的体验比在文化意义上加了权重的实物和意义更真实,且更易接近。然而,纯粹的体验不是认知优点或美德的保证,这样的体验甚至并不一定令人难忘。没有关于体验评价的公共协议,也少有对私人体验品质的估量。在体验的特殊性方面,没有与物质的实质性相对应的东西——那是令物质极具收藏价值的品质。体验是不稳定且难以驾驭的。只有最天然和最一成不变的才易被命名或描述、也是最可能被商品化的,有些还可以被或多或少地随意召集。[34] 那些使用统一的技巧且故意唤起体验的人可能是危险的煽动家，他们野心勃勃地要控制其他人的生活，不能想当然地判定他们的动机是否善良。所以，博物馆应该像谨防以前它们错误地收藏赝品或误解藏品那样，谨防将体验过分简单化。

一个持久忠于人类社会的信念，驱使许多人期待有序地享受通用的体验。这样的体验是否能够、以及是否有必要实现，仍未确定。尽管应该始终抱有希望，但实现通用理解的方法尚不明晰。相比已完成的展览，获得这样的体验是否能够引领我们更接近可分享的现实，也是不明朗的。

5 博物馆体验与“真东西”

“我认为，一幅基于真实世界的画作更接近真实的世界。”罗伯特·劳森伯格在20世纪50年代初说。[1] 此前，亨利·詹姆斯所写故事里的一个角色曾蔑视写实主义，他“对被描述的主体的偏爱超过真东西”，因为真东西总是一成不变。詹姆斯虚构的艺术家说，真东西抗拒被代表，因为其自身不可磨灭的性格排斥任何其他的存在。[2] 这种特有的完整性或者冷漠的自身同一性是真东西的优点，也正是博物馆坚持赞美的观众所敬畏的东西。

游客依然期待在博物馆里发现“真东西”，但他们很少考虑“真东西”被放置在博物馆里意味着什么。“博物馆印迹”这一新词汇被应用到脱离了其生存环境的实物身上，离开了生存环境，实物就像离开水的金鱼，会憔悴而死。[3] 我一直认为，实物在博物馆里会重生，通过一种新的“博物馆真实”来实现这种转变。从实物在新语境下的优势看，它们被认为阐明了基本的事实（它们是从事实当中被分离出来的），并且成了数据载体，在理论解释的反射光下，实物变得更加清晰。[4] 在事物的物理本质没有变化的情形下，还是会发生一种症状学的变质。而且，曾经与纯粹物理有关的熟悉的真实无疑在让步，博物馆的新形而上学理论对于解释它们而言是必要的。

“真实”已经从西方哲学的源头拥有了一种敬语的意义。对古人而言，它意味着稳定、不变，与在时空中短暂出现的东西形成鲜明的对比。由于物质的来来去去，它们曾遭早期希腊哲学家们（最著名的是柏拉图）的怀疑，被当作超越物质的、更真实的纯粹模仿来对待。柏拉图相信，物质本质上是不可知的，因为它们不断地变化。然而，感知事物可以激发对物质的探究，进而促进对完全可知的、抽象概念或原则的理解。柏拉图认为，这些可以被隐约地认为是印象深刻的真实，处于实物的例证中。然而，研究者必须当心实物的诱惑，因为实物是迷人且令人印象深刻的，很容易使人误入歧途。那种认为实物的真实本质超越了绝对的现实世界的观点，是以 17 世纪的科学和哲学思想为基础的。科学家们用自然法则的数学秩序取代了柏拉图思想，但仍然相信，一般的感官体验在现实中是缺乏的，人们应该持怀疑态度去靠近物质。尽管现代科学和哲学较少怀疑人的感觉，而是接受物质的真实性，但柏拉图重要的遗产依然影响着当代人的思想，其中包含对真实的尊重。真的东西等同于正确的、良好的，哪怕它是虚幻的、虚假的甚至邪恶的。

柏拉图遗产的第二项是相信真实并允许分级——一些东西比其他的东西更具真实性。结合两个经典的假设,可以得出,较少的真实比完全的真实更难令人满意,但它也不一定完全没有价值。有时,低劣但更有效的物品,被证明是达成间接的、优越目的的手段。因此,物质可以间接地引领我们更靠近真实。[5] 因此,博物馆里的实物收藏可以用双重标准来评估,既可以从所包含物品的内在真实性方面,也可以从它们那接近绝对真实的传导能力方面来衡量。

决定现代认识论的柏拉图遗产的第三项,相信真实于人类主观体验之外独立存在。对于任何人而言,真实性都不会延续下去。当代哲学家们在定义客观性方面,已经违背了潜在或者实际的协议,但许多人仍然将主体性与私人幻想和不真实联系在一起。一些哲学怀疑论者,质疑真实性对于超越人类体验的存在是否有意义。然而,现代科学认为,通过中介设备和常规议定的程序是可以接近真实的。可识别数据的、已被证明了的方法被谨慎地拿来阐明真实,这是验证这一假设的方法,同时也牢记数据和方法本身是可以挑战的。既然无竞争的数据可以支持几个真实代表,那么就可能将真实解释为既不简单也不永恒。真实可能是多重的、变化的。同柏拉图绝对主义相对的,是将真实描述为人为虚构的理论,团聚在文化“飞地”当中,那里的公民和政治实践支撑着受利益驱动的信仰体系。

博物馆是现代的产物,不会长久地依赖于柏拉图式的基础。但是,柏拉图的一些遗产依然保留在合格的理想主义和博物馆声称的保存“真东西”的奉献当中。这些遗产使人们开始怀疑博物馆作为实物保存场所的属性。博物馆陷入矛盾中了吗?无论博物馆的使命还可能包含什么，如果它只是作为一个更大的真实的前厅的话，就会总是处理一些感觉上的问题，珍爱发现于物质世界中的东西。今天，博物馆是物质文化研究扩展领域的主要角色，它们积极与研究所和学术机构里的学者们合作，推进这一世俗的理解方式。

在建议当代博物馆将实物视为体验的手段而非目的时，我们必须考虑这样的意义变化在实物之于真实的关系上所具有的影响。如果实物意义的归因已经是一种对其主观不真实和暂时性的让步，那么显然，实物之于“博物馆体验”的从属性一定会对它们的真实性产生更大的怀疑。[6] 博物馆正冒着完全放弃客观性的风险，这会导致博物馆与“真实”失去关联吗？

表象和“真东西”

对感官体验和受西方思想影响的“纯粹”表象的敌意，长期以来已经毒害了美学理论。柏拉图的门徒们已经屈服于“表象王国”的诱惑，但他们从未放弃超越它的理想。这个世界的事物是脆弱的，事物的消失通常证明了它们的不真实。几个世纪以来，许多美丽的瞬间一直促使人们追求永恒，许多博物馆的收藏是通过拔高真实精神的模仿来吸引观众的。收藏相当于崇敬，即便是爱慕那短暂的影子，也是对卓越存在的一种追求。

启蒙运动以来，占统治地位的西方审美信条认同柏拉图“所有艺术都是表象的”看法，而且它努力使表象变得崇高，成为在世俗世界“纯粹”的真实之上养育艺术的东西。按照现代主义审美学的观点,艺术的使命是产生幻觉,而且产生出比平庸的“真东西”更多的幻觉。幻觉比人类的想象力丰富,它会留下那只能被复制和模仿的可怜的真实。在催生了博物馆的时代,人类创造了一个新的真实,与它所超越的那个真实同样可信。特别是美术,创造了一个“表面”的世界,一个自主的、不受普通的真实条件所约束的世界。[7]

伴随着浪漫主义创作方法而出现的美术馆,专门开展一些过度赞美实物的表象的活动。所以,具有讽刺意味的是,如美术那样的“真东西”在一种更为熟悉的感觉层面一定是“不真实的”。这种浪漫主义的信条,近几十年来一直受到严格的测试,后者故意将表象与“绝对的真东西”融合在一起。博物馆周而复始地被从“更高的”真实到“纯粹的”真实反复切换,并且在这类任务中常常失败。当违反幻觉主义习俗而逃离“纯粹的”模仿时,人们被迫面对制造真实的表象。如同真实的事物被审美化那样,效果就是审美领域的物化。此类对表象和真实的审美化并不局限于艺术。任何东西都是可以被当作表象来表达的,所有类型的博物馆收藏于压力之下迅猛发展。博物馆事业起初作为一种教化策略,意图通过使物质世界合理化来驯服它,结果证实,有利于神秘和暴力的真实方案是复杂的。[8]

今天如果柏拉图活着来评判博物馆的话,他很可能会不信任表象以及博物馆那根基良好的可塑性。然而,就 20 世纪的思想、挖掘意义的意图而言,对表象的强制性管理不是为了模糊真实性,而是主宰它。[9]尽管博物馆专注于表象,但始终没有放弃对“真东西”的热爱。“纯粹的实物”和“纯粹的表象”实际上并不存在，但既是实物又是表象的博物馆实物的确存在。

真实性和“真东西”

柏拉图式的形而上学是真实事物另一种解释的基础，可以将真实事物与虚假的或者欺骗性的东西做对比。然而，仿品本质上是对其原型的一种伪造。[10] 阻止挖掘事物的真实性，往往涉及跟踪本源，还涉及对任何监测的干预，这些干预可能会在事物状态转变的过程中修改它。[11] 博物馆需要适当地煞费苦心，以确保其收藏的实物既不是假货亦非赝品。这两个术语有时可以互换使用，都用于参考。一件赝品在外观上类似真品，就可能会被误认成真品。赝品的主要价值源于那种相似，它也有其他方面的欣赏价值——经济、效率、道德独立，甚至它们所展现的华丽。从本体论上看，赝品是真的物品，但是，它缺乏像柏拉图式的价值尺度那样的真实度，主要是由于它衍生的品性。[12] 博物馆赝品常常被证明是在生产时就弄错了归属的作品，虽然它们是依据真品伪造的，但是它们本身是真实存在的物品，这一点无可怀疑。[13] 赝品的不真实，只是相对于它们在价值层级方面的地位而言的。从某种意义上说，它们是欺骗者，尽管这不是它们自己的过错。博物馆实物，特别是艺术作品，因其唯一性而特别珍贵，因而伪造很难被发现。一件完全不经任何比较的实物不能被确定为真品还是赝品。如果一件实物存在的事实不容置疑，那这件实物的“真正的”或“真实的”事实，一定具有一些可疑的特性，只有通过检查这件实物与其他已知范例的关系才能被确定。这样的检查,可能需要微观的或化学的分析,或者,在艺术品方面具备连续的所有权或格式上同质性的证据。尽管专家们"一见到它就认识它",但在"真实性"意义上,"真实"不能被直接识别;它是一个艺术术语,反映了规范的惯例,掌控着既定类型的东西。[14] 这些惯例是可协商的,身份的边界并非固定不变。昨天的赝品确实可能成为明天的文物,且并非张冠李戴。赝品作为实物,它的物理结构不会因此受到影响,但它与验证记录的关系被改变了,博物馆非常努力地在维持这些规范和标准。

就赝品的起源而论,一件赝品可能是原型的精确复制,也可能只是在风格上模仿原型,从而扭曲了作品本身的概念。[15] 像假货那样,一件赝品是一件真正存在的作品,只是关于它的历史声明是假的。博物馆用文件证明藏品的出处,以防范所有的错误和失实陈述,无论是故意的还是由于疏忽的。[16] 博物馆使用了适合的专业技能来调查这样的问题,比如,这幅油画真是提香的吗?也就是说它实际上是由提香画的吗?这件实物真的是乳齿象骨吗?也就是说它是古老物种身体的一部分吗?或者,这件实物真的来自波斯的帖木儿帝国吗?也就是说,这件实物的历史可以追溯到那个时期和地点吗?实物当下的物质状态必须服从适当的证据,有信心被认定为"真东西"。物理测试,例如碳定年法,过去常被用于发现一件实物的古老的或者化学证据,将一件物品的生产方式与历史时代的技术能力联系在一起,在一定程度上进行验证。这样的检验对于探究实物可能的起源地点、时间和环境,以及其材质,都是有益的,但这些特征并不总能充分保证一件实物的文化真实性。

20 世纪荷兰艺术家汉·范·米格伦“创作”的画作，通过物理检验，确定它们是 17 世纪代尔夫特大师约翰内斯·维米尔的作品，这些画作风格极为相似，令人信服。然而，范·米格伦伪作的“真正”身份在这样的检验中未被揭开，直到最后才被它们的作者所揭露。[17] 与这一个案相关的历史不仅关系到作品的物质生产，而且还关系到一种不寻常的、公共与私人事件、意图和体验的结合问题。维米尔和范·米格伦的画作都是存在着的真品，它们各自的文化和政治历史的交融，影响着彼此“更高层次”的真实性。

这种具有博物馆印迹的实物所引发的形而上谜题，侵入了伦理学、社会史学和经济学领域，它们以分类学和逻辑秩序为原则。赞誉颁给了“真东西”，博物馆给予它们特别的保护。在协定中，博物馆声称真的东西就是好的，不同系统通过完全不同的路线都能做出那样的评估。

作为自主权和主体间性的真实

柏拉图尊崇的是真实的非关联性，即其之于人类事务的绝对独立性。对真实的自主权的认同，历来不缺乏挑战，但在今天，它依然坚称是现实主义思想的基础。无论事物的主观属性将它修饰成什么，真实性仍然被普遍认为是不依人类思考而定的，这种常识性信念在西方世俗社会盛行。基于这一信念，通过探索、集聚、收藏，并将真实性的本质揭示出来，知识得以累积。推动知识进步的“自由的好奇精神”的训练，长期以来被誉为推动社会进步的一种形式。尽管知识分子的求知欲有时会涉及物质的掠夺，但其目标通常是追求受人尊敬的高尚。因此，欧洲皇家艺术与科学学会和博物馆都自豪地资助探险航行，认可以充分利用智慧和推动社会进步的名义对商品和财产所做的"无罪的掠夺"行为，正如今天的联邦机构、大学和私人基金会。[18]

寻找新的土地、居民和风俗知识，总是有着不错的回报。这是一种科学探索的模式，是一场进入未知的旅程，是关于外太空和生物的奥秘。未知的事物被作为征服对象，一旦被俘获，它们就被剥夺了自主权。这些未知的事物成被认知以后，就进入了人类主体性的洪流，与它相关的说明也一起被运送，并将进入博物馆。

已知的东西再也不能不受人类意识的影响了，它们以一般的主体性形式被重塑。在博物馆的货架上，没有独立的真品，只有被人为决定了特性的实物。这些被俘获的东西不会"为自己说话"，它们的声音并不独立于定义它们的符号系统之外。苏珊·皮尔斯将博物馆实物称作"承载实体的信使"，像漂在海上装有纸条的瓶子，通过隐喻和转喻的方式令发现者意识到，这个世界还是实物曾经所属于的那个世界[19]的样子，那种状态与实物当前被收藏的状态一样。这就是实物身份的两个阶段。我们的观点倾向于实物的早期阶段是更真实的，只是因为它们似乎比较独立于我们当前的认知，但从来不是可以想象的、被指定的实物，如同脱离了任何人类意图一样。这件实物经历的连续物化代表着语义的转换，它的自主权以一种难以捉摸的、先前的真实性为前提。博物馆的识别工作始于"不着边际的实物"，博物馆预先假定实物的属性，随后，一件不可言喻的真品就产生了重大的影响。然而，这件真品被证实不比柏拉图认为的更独立于主体性之外，相反，它是交感支持和分层的主体性链条的一环。

客观和虚拟现实

博物馆是实物保管者，并因此被证明是主体性实物的存放地。然而，博物馆不仅仅是被动的仓库，它们还积极地加入一些给过去带来流通性的活动中。引申来讲，就是为现在的真实性声明给予合法性。世世代代的人们可以通过传递真实存在的实物来互相沟通，博物馆把这样的概念自然化，证实了“必要的、体验当中的个人”的存在，而无须否认它们的社会真实性或牺牲客观性。[20]社会化的主体性通过神圣化实物得以维持，实物的客观真实性相当于主体间的共同性。在现代唯心主义的语境下，客观性不需要和冰冷的柏拉图式保持绝对一致，而只需将离散的符号化思想在系统引导下汇聚起来。

影响感知体验的新材料和新技术，重新设定了控制事实的协作意识的认识论条件。显微镜和望远镜拓宽了人的视野，事物的范围被认为是真实的，这些工具能够使人们看到更多的真实。然而，一些技术通过突破感知和现实之间的间隙，破坏了这种二元的意识，它们公开了无须道具就能“挂在太空”的图片，而正是道具证明了主体和客体独立的稳定性。没有背景的、空洞的体验，曾经似乎极其不真实，而现在已经变成似是而非的实物，无须额外地验证。柴郡猫脸上的笑容可以幸福地持续，甚至哪怕没有猫科动物躯体的支撑，那样的笑容也能被人们记住。[21]

当代作家们已经从涉及“人工制造”的现象学体验的古老根源中恢复了“虚拟现实”这个术语。关乎明显事实的体验有一系列表现，被人们感知为真实的并与其互动，但是没有约束性能。虚拟现实既是真实的，又是虚拟的，它是一种客观上的表象。虚拟现实既非幻觉亦非错觉，它在模拟和超现实环境的中心，使人们将有意识的体验运用到真实的活动当中。这是满足部分客观性条件的主体性合谋。

新柏拉图主义的表述涉及神秘力量，此力量归因于无须直接干预就能产生一定影响的机构。那些无法察觉的力量，似乎说明了诸如虚幻的视觉效果（还被称作“虚拟影像”）之类的幻觉产生的原因，我们知道那是由一个点上的反射光汇聚引起的，在那个点上反射出来的实物不会被发现。虚拟影像无法被触及或投影到屏幕上，它的真实性表现在光学定律和真实表象的一致性方面，而它的虚拟性表现在它之于通常实物反应的非一致性方面。虽然一个人可以毫无感觉地通过影像穿过一只手掌，但是虚拟影像有不可思议的能力，使观察者相信他们正与真实的、实质性的对象面对面。因此，对于真实性的体验而言，具体的实物似乎是多余的。根据神秘主义者和空想主义者蓄念已久的这一假说，博物馆的注意力可能转向真实体验方面。

真实体验的产生：情感和认知

通常，艺术由于创造了虚拟感而受到赞美。[22] 一些来自文学和造型艺术的人物形象，有时似乎比我们的邻居与我们更亲近，虚拟的场景比我们日常生活中的场景更为真实。图像、角色甚至虚构的情节，在我们的生活中能够变得如此深入人心，以至于共享我们的个人记忆和经历，并且塑造着我们的道德和政治理念。艺术能够取代时空，松动我们与日常生活的关系，并从精神上把我们植入另一个地方。一些美学家坚持认为“真的”艺术作品不是给人带来一种物质刺激，而是为人们促成一种体验。[23]

按照这一立场，体验虽然是由实物促成的，但并不取决于实物的真实性，体验自身的真实性是艺术真实性的唯一标准。可以说，典型的“真实体验”可以通过直接的、特定的大脑中心的刺激产生，这种由科幻小说家开发的命题对博物馆而言却不易完成。不过，言归正传，正是逼真的模拟物使人产生了“栩栩如生”的体验。

再来谈谈可爱的恐龙吧！史蒂文·斯皮尔伯格1993年的电影《侏罗纪公园》，将当时古生物学界正在酝酿的学术争论展现在公众眼前。灭绝的恐龙可以通过重新发现的DNA组被再造吗？如果活着的物种能够通过这样的程序被制造，那么它们会是关于实物的实例吗？这部电影没有解决这么一个问题：如果再造发生了，这样的后代是否具备成为恐龙的资格？这是一个由哲学家和科学家决定的事件。但是，电影技术的熟练程度和认真的科学研究，为其模仿的生物提供了可信度，使它们显得非常真实。[24]《侏罗纪公园》是一个冒险故事，设法制造真切的刺激，令人感到惊骇。电影制作者将一个不可能的事件巧妙地逼真化，直接在观众当中引起真实的体验。他们百万美元票房的目标是要使尽可能多的人体验被刺激的感觉，就像在观众的大脑中枢里放置电极那样。

几个世纪以来，古老的遗物一直诱惑着人们。那些展示着史前骨架化石的博物馆旨在展示关于过去的真实信息,演示如何用证据重建过去的真相。对这些展览的认知体验,与20世纪仿生机器人给人们带来的体验相比,可能不那么引人注目,但是在真实性方面却丝毫不差。[25] 传统主义者提出,不同于骨骼化石和史前遗址中出土的鸡蛋,现代复制品并非真品,它们也不能与真品一样带给观众刺激的体验。虽然如此,两种体验都具备"真实的"属性。[26] 两者的区别不在于真实的程度,而在于它们的情感强度和品质,以及它们的认知效果。[27]

博物馆把兴趣从用作证据的实物转向用以引起体验的实物,将两种当代的文化趋势结合在一起。我们已经注意到博物馆的关注点从实物转变为体验,这是把注意力从真品转向真实的主观状态。两种趋势合于一处,将情感稳定在认知意义之上。博物馆将体验与移情作用视为相同,并在呼唤体验的真实性方面,悄悄地优先考虑在唤起感觉方面的作用。

启蒙哲学将认知视为疏远的、客观的和完全理性的。因此,为了理解事物的本质,人们必须在不妨碍私人利益或感觉的情况下对事物进行考量,因为私人利益或感觉会减损个人判断的普遍有效性。学术权威合法化不是由于人们缺乏体验,而是排除了人们的情感偏见。理想情况是,学者、学生和博物馆游客凭借主观感受追求知识,并在态度上保持中立。追求知识并不意味着就没有情感意义,人们对智慧的追求总是秩序井然的。但是,理想化的目的是为了将它与真实的主体间条件联结在一起,并从个人兴趣中分离出认知。[28]

由启蒙思想家假设的理智与情感之间的鸿沟,在20世纪就已经消失了。今天的公众对于区分什么是已知的、什么是感受到的没那么敏感,体验被当作内在的情感。事实上,无感觉体验的特有想法,有时是一种心理上的病态倾向。公众被要求提出想法,以便被想象。以前定义客观性并确保其认知价值的去人性化和超脱,现在让人们觉得是不受欢迎且不可能的。然而,由于感觉是主观的,它对知识的渗透就会产生认知主观化的结果。任何既定知识主张的说服力都可能与其情感强度有关,从有利方面来看,就像是来自经验或理性的证据一样。如果眼见为实的话,就可能培养更强的信念,而一个胆怯的或脆弱的展示则可能毁掉观念的可信度。戏剧性会使一个故事在感情上更加引人注目,因此,设计和景观艺术得以在信念的刺激中与逻辑和证据一较高下。既然坚定的信念可以生成强大的体验,那么营造共享的、有力的体验就成为一种方法,被用以创造一种传递知识的公共的真实。

一个多世纪以来,戏剧化的视觉展示一直是博物馆展览的基本组成部分。描绘动物和人类自然栖息地的实景模型,在19世纪中期被引入美国的博物馆。[29] 在那之前的很长一段时期,通常展厅的中心区域展示的是配有观察者的巨幅圆形壁画,还配有激动人心的音乐。[30] 当代技术只增添了诸如三维"现实主义"和"步入"环境的效果,以嗅觉、触觉、动态图形和动画人物等为特色。所有这些都试图提高博物馆观众的参与度。尤其是科学中心和历史博物馆,把互动性提高到了前所未有的水平。在通过多维体验来保持全盘互动方面,为满足普遍的人类需求,这些博物馆正站在支持新颖的认识论和本体论的立场,旨在构建真实,这种真实正在认知方面逐渐累加。

真实体验

迪士尼的广告语是“在你的下一个假期里,得到的不只是一个漂亮的落日”,广告还表明,迪士尼提供了“一周超过八十份的独特体验”。迪士尼世界是当今典型的主题公园。在现代社会,主题公园具有非凡的重要性,也巧妙地影响着住宅和商业环境——餐厅、酒店、购物中心、学校和运动场,更不要说旅游和娱乐产业的再设计了。单单这种成功就会吸引博物馆的关注,但是博物馆注意到了主题公园的一个更加难以捉摸的特色,即大规模的生产与销售“独特的体验”,那在现象学上是真实的体验。

迪士尼公司融合技术诀窍、海量的资源、准确的知识和富有想象力的天才思想,使一种新的真实感有效地侵入历史当中。一名拥护者这样描述形而上学建设的实现:“通过主题装置,对人、地点和事物进行简略效仿,一份关于集体记忆、信念、象征和原型的档案就被创造出来了。”[31]对实际细节的痴迷如此强烈,正如翁贝托·埃科描写的那样:“绝对的不真实被呈现为真实的存在……目的在于废除参照的区别和替代的机制。”[32]不再简单地复制来源的真实,要尽力使图像成为事实。这样的体验,除了体验本身,不需要任何其他的东西。超现实能够唤起一种甜美的、不协调的对某种从来没有的东西的怀旧感,或带来一种由小说激发肾上腺素分泌而引发的冲动,它是如此精确,似乎比生活更为真实。

主题公园的真实不同于实验室的真实,它有着史诗般的构造,每一年可以成功地吸引超过五千万“客人”,这些“客人”既不会费心去分析它的准确度,也不会将当下的体验与历史真相做比较。迪士尼创造的这个世界，在氛围营造方面超过了最雄心勃勃的博物馆娱乐，那种氛围完全包围了游客，带他们离开普通的时空进入一个视觉上的“自由区”，在那里，生活成了一种享受而非忍受。[33]

主题公园是商业机构，其主要目的是营利，这与博物馆的宗旨完全不同，[34]但它们存在共同的利益。虽然娱乐是主题公园的主要功能，但越来越多的事实表明，主题公园里包装好的教育和愉悦的体验是兼容的。一些博物馆专业人员对于学习商业机构的前景大惊失色，但其他一些博物馆则希望从迪士尼中学到些适用于自己的东西。长远来看，主题公园的商业化和暴利的诱惑，相比微妙的认知敏感性的堕落而言，可能威胁更小。柏拉图沮丧的咒语可能还不是完全错误的。

主题公园所构造的真实将其自身置于对真实的传统理解之上，并超越了它。其出色的图像和总体的控制效果，最终使人麻木，限制了其反思能力，特别是那些从未见过主题公园伪装的真相的人，没有留下可以引发乡愁的原型印记。相比之下，过去或者遥远的真品“面色苍白”，缺乏即时性，其可视化的难度阻碍了人们对它的追求。无知还强化了这样的观点：当一个人能够花更少的精力和费用抓住事物的“本质”时，那么去远途游览或发现罕见的事物是毫无意义的。在其“内容”可以被任意地全面重组时，为什么要保存那些脏兮兮的旧货呢？迪士尼的情感主义与美国人的刻板形象产生了共鸣，现在已经为几代人所适应，并被轻易地输出。新的一代人无法分享其祖辈们的记忆。没有哪怕是二手的纪念品会唤起孩子们对“大街”或者“前沿”的感觉，对他们来说，主题公园本身就是明确的体验。脱离了与被记住的真实的关联性，主题公园的真实就是纯正的超真实，它的活力取决于极具表现力的说服力。

迪士尼公司依靠教育和市场研究取悦公众，并在满足审美体验的生产方面与博物馆展开竞争，那种体验可以引发回忆并产生一些个人化的东西，可能还顺便帮助人们学习知识，来充当额外的奖励。但是，随着更多的、特殊的历史博物馆重建，诸如普利茅斯种植园这样的博物馆，开始通过主题公园这样的移情作用来吸引公众。在普利茅斯种植园，演员们装扮成17世纪的居民，每天从事家庭活动——耕种、啤酒酿造培训、以美国大革命前的方式和方言回答游客的询问。演员们成了训练有素的历史学家，他们通过传播知识和熟练使用环境道具，使他们自己进入互动的、活生生的展览之中，通过给展览赋予生气来展开教育。他们的任务是把自己展现得像那个时代的人，来吸引游客进入历史的时空中。作为时代角色，他们否认拥有过时的知识，沉浸于关于他们行为的推测性解释当中。

麻省的另一个历史重建项目——旧斯特布里奇村，通过一种与众不同的戏剧技巧，展示了美国工业化之前的劳动和19世纪40年代国内的经济情况。该项目还安排演员展演历史，但是没有“玩”他们的角色。与在普利茅斯一样，他们演示了制造技术和那个时代的风格，邀请游客作为观察员参与体验。演员们像当今的评论员那样，从自身角色出发，说教并回答公众的提问，比普利茅斯种植园演员们具有更大的探索空间。通过阐明他们自己和他们所展示的时代之间的历史距离，旧斯特布里奇“解释者”阐明了早期的制造业实践——批量制作鞋底、在扫帚柄上缠绕稻草、把熔化的锡水倒入勺子范里等，他们的产品可以以具有竞争力的标签价在博物馆商店里销售。技术展示有助于营造博物馆体验。当有谈话发生的时候，它们是“互动的”展览组件，充当了解过去和当前体验的中介。

普利茅斯种植园和旧斯特布里奇村的案例阐明了两种正视认识论问题的方法，即如何通过人为的、不自然的体验，传达真实的历史知识。对当代博物馆而言，认识论问题意义重大。两家博物馆利用充分的历史研究，明确了它们传播知识的方法，它们的成功取决于其精准性以及它所产生的影响。主题公园不需要考虑责任，它们的宗旨是娱乐，可以在创造自证正确的体验方面给予特别的关注。对它们来说，知识的传播只是次要的利益，可以但不必要增添体验，其娱乐的氛围本身就够了。坦白来讲，虽然博物馆嫉妒主题公园精于沟通的技巧，但它们一定会认同，体验的真实性一定不能与所诱导的体验相关的、认证过的参照物相混淆。

博物馆重建项目的真实性相当于早期音乐表演，当代音乐家熟练运用过去的技术（有时还配有相应的着装），在历史遗存的或再造的设备上，演奏中世纪的、文艺复兴的或者巴洛克的音乐。一些批评人士坚持认为，现代听众不可能把这种演出的意义等同于原始听众可能听过的演出的意义，也不可能以同样的方式体验它们，无论这样的再现多么贴切。此外，这些批评者还指出，今天的观众穿着当代的服装，吃着当代的饮食，而且习惯于声学、节拍和目前环境中的声响，必然将早期音乐听成“博物馆事物”，这是从历史语境中牵强附会而来的。在任何情况下，我们的音乐祖先都缺乏一些介入事件，这些事件长期以来塑造着我们可追溯的意识和听觉敏感性。正如我们必定缺乏祖先们的感知背景一样，不可避免地，我们把对他们而言普通的东西当成了已被我们自己的音乐传统所取代了的先驱，而他们是不可能知道的。我们听到和看到的表演是"真的"，但是它们不是"真的历史"，它们不同于它们重构的表演。另外，它们也不完全独立于真的历史之外，因为即使我们不能准确地回到或者复制过去，但我们当前所体验的确实是它，且始终受到事件结果的顺序的影响。主题公园在合理的限制之内免费利用了一些参考文献，增强了今天的体验感——比如怀旧或者消除令人厌烦的细节。博物馆被迫与更具限制性的惯例做斗争。不可或缺的证据和关于博物馆信誉的合法规则，禁止博物馆使用一些沟通技巧——比如，制造一些催泪的东西等手段来刺激主题公园的繁荣发展。

博物馆体验

尽管如此，综合的体验已经成为一个重要的博物馆项目，有助于一种与博物馆功能有关的变形概念的形成。作为唤起记忆的机构而非单纯的仓库，博物馆有意激发人们的感觉和一种新的真实性维度。有能力唤起人们的记忆的实物并非一定意味着真实性。例如，伦敦帝国战争博物馆里的"闪电战体验"，努力在游客心中营造一种处于围困之中的恐惧感；华盛顿美国大屠杀纪念馆，利用几个小心抢救出来的手工艺品和装置，使目击者感受那种不能再现的事件的真实性。这些博物馆的目标并非合理的解释展品，而是在这些能够引起回忆的物品和高压的展览建筑的帮助下,使游客们接受类似于大屠杀受害者所遭受的那种恐惧感。除了劝诫性的信息,博物馆还提供丰富的文献资料,公众可以从中了解更多的悲惨历史。[35] 游客们沿着狭窄黑暗的通道,彼此很少交流心中产生羞耻、恐惧和怀疑的感觉。这里的实物和体验都不是模拟的,它们是真的、具有指示性的。然而,正如我们所看到的,它们大多数的说教功能不在于分配认知信息,而在于召唤并产生深刻的感觉。

当然,在这种情况下生成的体验是多样且古怪的。那种认为体验更多可能是个人感觉,比感知实物还要更加受制于外部控制的想法是天真的,个人感觉转瞬即逝。传统博物馆有意处理的只是其所在的那个社区的一小部分。因此,它们可能认为某种知觉和行为的一致性,甚至一些情感的规律是理所当然的,但那已不再可能。今天,博物馆游客来自社会各界,因此很难拥有一致的价值观,他们在心理上难以将熟悉的实物同博物馆预先设定的体验结合在一起,甚至没有一种普遍的、熟悉的感觉。与“真实体验”的情感涌动相比,如果今天的观众很少受到“真东西”神圣性的鼓舞,他们也就很少受到体验生成条件的影响。如果仿品或者与真品完全不同的东西能够产生真实的、令人满意的体验,就没有什么会短缺了,对真品付出高昂的代价、费尽心思的保护也几乎是多余的了。[36]

不同类型的博物馆,正在尝试赋予真实东西新的概念,它们在功能上以另一种方式替代了实物。科学中心旨在引导人们观察真实现象——留心、观察、考虑,然后去探索、发现。一些现象由于太大、太小、太遥远、太快、太慢、太复杂,或太偶然,而无法通过正常的感知或在正常情况下被观察到。所以,博物馆为科学家们提供了特殊的设备。实物保持着日常的实验室功用,没有被博物馆视为“真品”或者“收藏品”。然而,这些实物的材料投入成本可能比较高,通常被历史学家和技术内行们所珍视。它们需要被维护和照管,可完全不像“博物馆实物”,因为它们起到工具的作用,也是生成真实体验的手段。

博物馆观众所经历的、由此而生的体验,并不是前所未有的。观众并不需要站在科学前沿,只要是真实的体验,对他们而言就是有价值的。[37]“真实体验”必须真正地由发现者通过自己的探索来达成。所以,常识问题不断地被以前不了解它们的人所发现。对发现者来说,事件构成了“真实体验”,那是真正的满足。博物馆为使某种类型的体验可以合乎预期地产生,提供了各方面的条件。因此,从实际体验者的有利位置来看,它们的发生是真实的。科学博物馆希望,这种诱导性的体验可以激发游客进一步探究。这种诱导性的体验被称为“学习体验”,就其本身而论,它不是学习的体验。或者,这种发现可能会终止体验的审美享受——“哇”效应与那种由主题公园或兜风所激发的体验不一样。如果体验是复杂且有改革能力的,那么它甚至可能像是宗教的顿悟,或者享受艺术的狂喜。无论这种体验启示了什么,这种意识觉醒是高度个人化的,独立于其他人的体验之外。

游客实际体验到什么,博物馆无法预测,且博物馆无法掌控,谦卑地说,博物馆的作用就是让体验成为可能。博物馆的挑战不是开发更高的预测敏锐度或更好的操控技巧,而是提供更有趣的选项给更多的人,让观众有区别地去感受博物馆所生成的体验。使体验安全地发生是博物馆巨大的责任,重要的是,要理解这种给个人与社会带来的潜在风险和效益,并将其与由实物和藏品的老式管理所带来的风险和效益做对比。那种管理是传统博物馆所声称的终极责任。

安德烈·马尔罗构想了“无围墙博物馆”这一概念,揭示了新技术是如何改变过去的。[38] 如他所观察到的那样,图片和视觉符号依然可以作为证据并引起观众对真品的信念,但是新的复制技术和操控图像的技术已经削弱了这种信念。我们不再为了展示真品而发明替代品。虽然人们不愿意放弃真实的安全感,但是,人们还可以在其他地方寻求真实:在即时与自发性方面、在情感强度方面、在主体间协议方面,最吊诡的是,在接受似乎要废除所有传统判断的多重逻辑方面。

对于这种形而上的修正主义,博物馆已经勉为其难地去适应。在没有放弃“真东西”的荣耀或真实性声明的同时,博物馆已将其效忠的对象从真实物品转变为真实体验。如果接受每一份体验都同样真实,那么就不会存在某种体验在表面上看起来更有优先权的情况。我们现在必须要问的是:博物馆如何在没有体验分级的情况下,凭借一些武断的价值体系来履行其承诺?为了回答这一问题,我们不得不与马尔罗一起走出博物馆的围墙,进入与人类历史的对话当中。而且,如果不详细检视引领博物馆发展的价值观,我们就无法弄清此类机构的性质或目标。

6 博物馆道德——公仆的美好生活

引领博物馆发展的价值观是怎么形成的？有没有一种机构，其“美好生活”代表着博物馆的身份和品德？有没有一种独特的义务和责任能够匹配博物馆特殊的职能？如果是这样，如何构建博物馆道德体系？共同创建博物馆的人又如何促进这种道德体系的构建？

像其他依法开办的企业一样，博物馆在确定员工的职责、捐助者的权利以及董事会的责任方面，具有明确的使命和政策。根据该模式，博物馆是一种构想、一个依法定义的抽象实体，它和参与其形成过程并从事具体业务的具体的人不一样。但是，由于没有考虑到在博物馆形成过程中积累起来的资产，因而导致博物馆的地位下降。除了人员招募，博物馆绝非以自我为中心，它与事物保持着紧密的关系。对个人拥有者而言,事物超出了其本身的用途或交换价值,失去了其直接的价值或效用,而这正符合博物馆的喜好。[1]

至少博物馆需要人手参与到毫无保留且无私奉献的工作中,而通常只有对这项事业充满热情的人才能做到。在博物馆里,保管实物有时就像保健会馆悉心为养尊处优的顾客们服务一样。这种对实物充满仁慈的照管是博物馆工作的重要组成部分。那么,有没有随之而来的适用于博物馆的道德要求,以及强加在照管者身上、为其所属的道德身份?

履行义务的人

多数情况下,西方哲学传统通常将道德行为、惯例、优点和判断仅仅归因于人。道德责任是一种人类习俗,主要由彼此之间有关联的人所承担。[2] 虽然道德行为规则有时会被认为是来自超自然的力量,遵守它注定是为了精神上的奖励。但是,命定的诫律通常适用于人类的互动。训词和禁令很少用于没有人类起源和结果的行为上,除了在隐喻方面,几乎从未涉及非人类 (无知觉) 的存在。环保主义者主张对动物、植物,甚至非生物 (如河流、山脉) 的权利提出异议,但是这些主张诉求非常孤立,通常他们通过暗指潜在的后代 (为了他们而要保护所讨论的这些事物),偷偷摸摸地引入一个人为因素。[3]

大多数博物馆实物会打着"遗产"的旗号要求被尊重,但并非凭借它们自有的权利来索要应得的尊重。那种除了人类联系或者一般的关怀与节俭的训词之外,人类对事物有道德义务的提议,遭受到指向人与事物之间明显缺乏互惠的反击。[4]事物可以产生伤害,也会受到伤害,人们可以珍惜事物,也会哀悼事物的失去。但是事物不会按规矩行事,免不了会触犯法律,也不对它们所做的事情负责。[5]通常,只有那些真正有道德的人,才能尊重道德,因此,只有具备人类意识的生物才具备道德。实物固然有其美学的、经济的、历史的、教育的神圣价值,但包括博物馆保存的物品在内的实物,却因此被排除在基本的道德话语之外。

收藏这些实物的博物馆一定不会完全满足于一份义务吗?那份义务就像博物馆作为现在和未来的人类代理以及对保存人类记忆所负有的责任一样深奥。[6]馆长们被任命为"藏品的看守人",这是一个意味着比牧师承担更多工作责任而非保管责任的头衔。博物馆职员常常虔诚地担负这一职责,相比专业责任,他们更多是将其视为一种道德义务,并尽力激发自己和其他人看守藏品的激情和责任感。

这份针对被嘱咐事物的不寻常的道德关怀是给予谁的?它会延伸到什么程度?与博物馆相关的代理人不得不满足人们普通的规范性期望。显然,人们之间的道德冲突会出现在一个复杂的情况下。由于缺乏解决这种冲突的准则,也没有合法化的标准,导致困难加剧了。物品创造者当初假定的主张怎样被用来权衡未来继承者或者这些比邻的房东们的主张呢?各阶层人们对实物的需求将如何被平衡呢?

由于必须在实物和情景之中做选择,博物馆难免会在价值判断上有所反应。即使在某些时候,某些人切实打算做什么,他们在理性或道德上也不可能总是一致的,这些人可能也不知道哪些人随后被要求与他们一致行动。[7]此外,涉及这样互动的实物的多样性和瞬时情景时,任何道德的一致性都不太可能实现。标准已经发生了剧烈变化，今天的公共机构因其对社会的影响正在接受问责，依据的是明显不同于引领它们的前辈的价值观。例如，在20世纪60年代之前，环境保护对博物馆管理者而言并不是一个重要问题。而且，同一种或者任何一种适用于私人领域的、规范的伦理学原则，在一个公共语境里是否有效是有争议的。传统的道德理论关注的主要是私人的"美好生活"和"美德"，且通常把公共道德置于政治的可疑领域。[8]

集体性的中级单元，如城市、家庭、教堂和专业组织，是由单个的人组成的一条公共纽带。他们的目标比社会整体更具体，但是与任何具体个人的目标相比，既不多样，也不特殊。机构与其所属人员的生活会有交集，但不会完全相融。它们作为中介，把私人生活与公共世界连接起来。人们凭借与机构的联系获得某种特权，并超越了那些有时与他们不兼容的责任和义务。道德理论家一直对出现在多层次、多团体成员之中的个人所遇到的道德冲突感兴趣。这些道德冲突，不单单是在明确对与错或上下级承诺之间的个人选择的问题。一些价值结构是无法比较的，一个框架内所规定的忠诚和行为规范，在逻辑上独立于另一个框架。当一个社群的成员与另一个社群的成员发生冲突时，对个人而言是一种存在主义的悲剧。但若想调和不同机构认同的道德不连续性，所需的是现代生活的真相。[9]博物馆界及其所在社群的部分人们，在面对这种需求时并不孤单。不过，他们确实担负着非同寻常的历史责任。

专业主义

职业道德约束着特定职业中的个人,道德准则被适当地用以适应特定的环境。博物馆工作属于一种自我描述的职业,它有附属组织和个人用户,而且这也是与博物馆相关的,博物馆的存在先于这一职业的出现。

和许多其他的职业群体一样,群体内的人会形成一个自我选择的社群,以培养某种技能、提供某种服务。博物馆工作人员因其成就而自豪,具有浓厚的兴趣,并因此能够维持高标准的工作态度。他们自愿遵守职业道德准则以及存在于私人当中的普通道德准则。这些活动和执行活动的代理人在同一个道德领域内,它在品质上与个人行事时所涉及的同一个人的道德背景不同。[10]

这样的专业主义,与执行那种需要专门培训的工作类型有关。[11] 与此类工作的社会价值相当,那些胜任它的人得到了荣誉和其他的好处。最为重要的是,他们被授予他们自己领域的权威头衔,监视和培训进入这个领域的继任者。随着时间的推移,形成了一个相对封闭的亚社会,有时这被认为是一个靠自己的规则生存的精英的事儿。职业自治可以作为一个借口起作用,以逃避偏离普遍道德的审查。但是,职业道德准则的目的不是保护无赖或者维护职业群体,也不是要把它从整个社会当中隔离出来。相反,职业守则意在将专业社团的实践与更大社群的优点整合在一起,尤其关注可能增强或导致与那种共同利益关系紧张的特性。由于专业实践设定要承诺保护公共福祉,职业道德守则就着重避免在道义上靠不住的私自行为合法化。[12]

美国的博物馆工作者一而再地集聚,以构建一套职业道德守则,他们的努力不仅反映了彼时这种职业的特殊境况,还有作为整体的、美国社会的主流道德精神。[13] 当这个社会对诸如人口迁移、技术发展,以及像战争与经济危机这样的灾难性事件做出回应时,它所赖以生存的道德观就会受到考验,包括社会中几个亚群体的道德准则也必须适应。20世纪在美国传播的有关博物馆道德的三种主要出版物的道德腔调,显然反映了周边世界变化着的价值观。每一种出版物的道德腔调都反映着彼时概念和道德上的风尚,而当那种风尚被丢弃时,其对应出版物便随之被判定为不足以担当。没有满足所有的定期降临到博物馆跟前的复杂问题的准则,因此,每一条守则都是部分的和不完整的描述,在某些方面太模糊,在其他方面,其特殊性又微不足道。例如,对诚实和正直的普遍劝诫有无关紧要的附加条件和明确的禁令,如着装规范,很快就过时了,或者被更广泛的公共立法更好地规定了。虽然初衷是好的,但是编制守则的事业却因此只是最低限度的成功。尽管如此,作为博物馆界迈向专业主义的一步,守则代表了对公共责任和关怀的一种认同,相比过去的几个世纪里博物馆创始人那种排他和家长式的作风,编制守则更为优越。

博物馆道德准则

1925年,美国博物馆协会在第20届年会上,首次采纳了一套职业道德准则——《博物馆工作者道德准则》。它基于这样一个前提,即博物馆是作为"为人类和为(人类)种族的未来福祉,受托持有它们财产的机构",服务于公共功能。[14]这部准则反映了美国人对平民主义、实用主义和教育的承诺,强调了遍及社会所有阶层的知识传播。在那一历史时期,按照社会主流的愿景,博物馆想要成为改良社群的工具,而不是专门为少数特权阶层学习或娱乐而建造的城堡。准则除了阐述了广泛的一般性原则之外,还做了某些明确的禁令——博物馆工作者不接受来自商业公司的礼物或佣金,博物馆拒绝获取通过故意毁坏文物的行为得来的物品,在与工作人员讨论行政和经营事务方面,托管人使用自由裁决权等。[15]过去的博物馆工作一直是一小群人的职业,这些人大多数情况下彼此相熟,可以依赖彼此的荣誉和判断。博物馆假定了一个友善的等级制度,在其中,雇员们忠诚地执行雇主的命令,必定不会贸然制定政策。

在过去,博物馆馆长和策展人都是典型的业余爱好者,在获得他们的官方称谓"藏品的看守人"之前,已有很多的收藏经历。他们之前在藏品主题方面的经历和热爱,令他们配得上他们专职的事务。委托人,常常是男人(通常是在女人的影响之下),他们因博物馆受托拥有对实物的深入了解和情感而受到鼓舞。许多人一直资助远征,做研究并带回那些最终被包括在收藏当中的物品。他们对博物馆的贡献是实实在在和大量的,且不局限于金钱和业务知识。[16]然而,允许他们过近地参与博物馆实践和策略,可能会带来负面的影响。

1925 年制定的准则,随着社会和审美标准的变化和不同目标博物馆的扩展而退出了历史舞台。20 世纪 50 年代,战后美国前卫的出现和转向形式主义，尤其在艺术和批评方面，造成了方法、学术方面兴趣的更新，而且再一次引起了精英主义美学的产生，尽管有着不同的特性。博物馆再度关注收藏，但现在带有一种变化了的社会意识。美国博物馆协会在其 1974 年年会上，通过任命一个道德委员会来回应，这个委员会负责"确定在最广泛的意义上处于博物馆运营之下的、如同此时此刻这个行业所见到的道德准则"任务。[17] 这个委员会在 1978 年发布了一份报告《博物馆道德》，它包括四个综合标题：收藏、人员、博物馆管理策略和博物馆治理。普通公众的教育，似乎一直未被太过突出的关切，而被放到了次要的博物馆人员责任部分。博物馆社群的内部自律和专业实践的明确构想被给予了更多的关注。[18]

1978 年的声明，假定了个人和他（她）的责任机构的传统优先地位，因此"博物馆"和"其责任或义务的参照"，必须被拿来简略地应用于雇员、志愿者、委托人或他们的代表。人之于事物的道德关系，在报告声明里得以承认，"每家博物馆对其藏品的义务是至高无上的"，但实际上，这份责任被表述为"管理权"，相对于欠"我们的继承人"（即其他人）的"公共责任""转移……当在增强的形式上可能时，人类文化和自然世界的物质记录"而言，管理权是次要的。[19] 这种博物馆责任的构想，不仅将道德关系局限于人，而且还使博物馆藏品的物质性不再重要。新准则的语言更加降低了事物的等级，因为它为传播所建议的东西就是大量的信息——一份记录。这就需要细致地维护，给予其真实性应有的尊重；但是（并无讽刺之意），这份准则还表明了各种非物质的利益，以及可能修改或重释那份记录的影响。在这一点上，准则没有提及实物对体验的辅助作用，那种体验随后将使博物馆内容主观化，甚至达到朝生暮死的境地；然而，一种针对实物的工具主义态度，已经显而易见了。

1978 年的报告中有关注专业主义的痕迹，被构想成像“专门的个人专业知识”那样。报告作者如同渴望促进他们当中的合作互动那样，渴望由履行他们不同功能的人们来限制粗糙的演示。作为复合体，博物馆必然要争取许多独特和重叠的技能协作，而这份报告没有提出一份随之而来的、独立于个人道德选择的属于这种机构的“博物馆道德”。相反，它暗示出，在那些管理博物馆业务的工作人员当中，尽管非专门的“绅士”行为准则在这之前已经足以构建和谐，但是实用主义现在呼吁有效的组织程序。

因此，1978 年的声明小心地从公共收藏行为中分离出私人的部分，从私人藏品和利益中分离出个人的部分。虽然它承认，收集、咨询、讲学和撰写学术论文可能会提高工作人员的专业知识以及博物馆的声誉，但声明也提出要防备利益冲突，坚称在他们的私人生活行为上，雇员们必须顾及他们机构的地位。由于博物馆的高度可见性和它们保持公共属性的重要性，受托人和雇员们可能被要求减少那种似乎是利用博物馆、与博物馆冲突或者使博物馆蒙羞的活动。在公共问责的需求日益加大之时，自律是非常迫切的职业需要。

就博物馆来讲，政治主张的激进主义是被禁止的。无论其基本理念多么冠冕堂皇，博物馆决不能假装为所有与它有关的东西说话；任何一家也不该以任何方式就其代表的东西发言，除非它们被正式授权。这份声明认为，虽然理智的诚实禁止了神话或者刻板印象的延续，但强加给博物馆行业以严格的限制，“他必须清楚地理解，在这里，可靠的专业判断已经结束，个人偏见开始了”，而且，“他必须相信，正在出现的展示是客观判断的产物”。这一观点，是在客观性和专业化的名义下形成的，要求自我克制和个人超然。它坚持相信的和普遍认为的信念，即理智的判断必须是冷静且无私的。博物馆要做政治中立的避难所。[20] 这些约束的反对者们断言，采纳它们是迎合潮流的方式，是为了避免得罪强大的博物馆捐助者，或者危及良好的税收考量。[21]

在讨论的最高层面，关于完整性的意义始终存在冲突。但是，这样的哲学思索很少成为专业话语的构成。[22] 充分协调博物馆正式宣布的使命与捐助者、学者、文化社团和公众迥然不同的兴趣，同时对日益增长的遍及社会的关注，诸如文化侵占、环境退化、种族主义和城市荒芜这样的外在效应保持敏感，是一件困难的事。

《博物馆道德》与一份操作指南相比，更像是一份普通的气候报告。它调查的氛围由市场力量和平衡利益的信条所支配。它没有 1925 年《博物馆工作者道德准则》单一的道德确定性。如委员会主席所说，“在实质和措辞问题上，委员会成员几乎毫无疑问地达成了总协议”。[23] 相反地，委员会做出了妥协，劝说个人博物馆和博物馆社群的专业亚群，制定他们自己的指导方针和行为准则。遵循这一建议在更大程度上详细说明了专业主义，还鼓励在草根层面探索博物馆标准，令它们的实施有更多的可能。当编写《博物馆道德》的工作组发挥作用时，几个下属的专业博物馆团体按照委员会的建议起草了声明，更具体地应用于它们自身。由此制定了《策展人道德规范》《保管员道德规范和实践标准》《登记员道德规范》《博物馆商店道德规范》《公共关系道德规范》和《博物馆教育道德》。[24] 这些政策声明使博物馆界作为一个行业，集体处理一些更为严重的弊端，在一些情况下争取法官和执法总检察长的帮助，在其他情形下运用认可和否定制裁作为奖励。[25]

诸如物品的获得及交换之类的显著问题，在20世纪80年代被热烈讨论，尤其在一些博物馆官员和会计机构试图将他们的藏品当作可转换的资产方面，这么做可以在经济危机时把藏品液化。[26] 随后的几年里，这些问题在注意力转向文化财产的处理时，呈现出一个全新的特征，在一些案例中，要求它回到其最初的来源地。这种道义以及全球公民权的经济内涵正在唤醒美国人。

人类和文化遗存的遣返需求，反映了日益增长的国家征用和种族剥夺的意识，其中更为常见的是博物馆描述多于服务。具有讽刺意味的是，博物馆为了迎合更多的观众而做的市场驱动探索，在某种程度上要为它们的收藏和展览实践不满意的增长负责。[27] 政治上敏感和文化多元的观众，关于自身的观点并不是来自博物馆，也没有传统博物馆访客对这种机构的尊崇，感觉被他们在这里看到的描绘他们自己的方式侮辱了，他们憎恨传统博物馆的家长式作风，于是他们就要求拥有在公开展示前被咨询的权利。同时，学院和学术社团里的批评家们，对欧洲传统的主导地位和造就了博物馆品位的真经，提出了类似的挑战。

他们的反对恰逢一些私人基金会于20世纪70年代发起的博物馆执行新举措，寻求将教育和公共拓展项目结合起来的方法。由创新的学习理论所激发，特别是在科学教学方面，博物馆专业人士开始系统地思考在博物馆里用实物来开展公众教育的方法。[28] 多元主义及其提升项目关注对象素养和有形物品于符号表达方面的运用。一项同时进行的敏于文化多元主义的振兴博物馆的实践运动，最终将导致为新世纪制定一项包容性的道德规范。

新博物馆学

这些发展的综合效应，是要敞开博物馆，使其面对"存在的审查"和"现象导向的质询"。博物馆已经历了好多阶段，历史学家尼尔·哈里斯将它的开始阶段称为"独裁主义的谦虚"，20 世纪早期是"独裁主义的经验主义"，第二次世界大战之后其面对公众的方法是"平民主义的尊重"。在随后的后现代阶段，博物馆不仅迎合新的观众，还采取了一种新的自我表现风格：主观、自我肯定并且打动人心。对于展览不会再有任何的统一反应，也不再指望智力终止。[29] 对认识论上相对主义的这种拥抱，将深深地影响博物馆道德规则的权威。

关于博物馆收藏的修正主义阅读，于 20 世纪 80 年代后期出现在一种新的管理风格中，主要出于政治动机。博物馆本身已经变得可见。博物馆不再作为一个抽象的权威被崇拜，它现在被视为一个文化产物，被历史语境化，是一种阶层、经济特权和个人品位的产物。一群新的文化批评家们研究了博物馆机构的历史，将它看作是分配不均的力量和意义系统的一部分，与博物馆收藏和展示的方法不可分离，因而呼吁一种"新博物馆学"。[30] 这些批评者受马克思主义社会理论和福柯主义系谱学的激发而在专业实践方面带来了变化，他们否认博物馆展览一直以来都像它们所宣称的那样，在政治上不结盟或价值中立。[31]

因此许多创新的、自觉的和自我探索的展览，挑战了早期的博物馆展示假设，显示了语境如何运用历史史料并赋予意义。一些人谴责说教式的霸道的过去；其他人为了鼓励观众去想象新的解释策略，而使包含在博物馆里的物质材料再语境化。许多展览想要使公众震撼和愤慨，而有一些展览意图削弱上一代博物馆工作者精心培育的、特有的专业主义。他们全都否定普遍和绝对价值的存在，接受地方对权力和欲望的肯定，以代替对整体真理的追求。

这些展览（和论述）嘲笑传统博物馆的真理和价值标准，但它们含蓄地呼吁其他标准和公众识别它们的直觉能力。博物馆以前的教育角色一直被调用，主要是为了保护一种文化，传播它从过去到未来的知识，而现在博物馆被告诫要成为社会变革而不是保护的代理人。[32] 博物馆受到攻击，不仅是因为它们描绘文化选择的失败，而且更重要的是，它们不承认自己在隐秘地使用权力来做出和扣留合法的判断。

为了回应来自博物馆界的压力，美国博物馆协会在 1987 年任命了一个新的道德工作组来修改 1978 年的声明。根据大量的实地研究和基层协商，工作组制定了一项新的准则，美国博物馆协会董事会于 1993 年 11 月 12 日开始采用。这份文件建议美国博物馆协会的每一家非营利博物馆，截至 1997 年 1 月 1 日，必须使其自己编制的道德规范与特有的通用原则相一致。工作组还主张应用程序来审查违规行为，并撤销那些一直违规的博物馆的美国博物馆协会会员资格。[33] 因此，博物馆界不仅认真地接受了对它而言既是职业也是挑战的、与众不同的身份，而且还秉持“如果博物馆不自己规范好自己，那么政府等其他方面就会来规范它”的信念，接受了监督和改良自身的道德责任。[34]

事实上，政府干预的幽灵是真的，尽管不总是出于社会改革进步的目的。来自保守派的淫秽和色情指控，威胁要终止国会授权的联邦对艺术的赞助，并审查“攻击性的”博物馆展览。[35]立法也被文化财产特别是处置人类遗存的、令人不安的问题迷住了。在1990年的《原住美国人坟墓保护和遣返法案》中，遗存的归还受到了法律的保护。[36]虽然持各种论点的都有，但基于道德、学术和实践的理由，博物馆被迫仔细地审视它们的传统收藏哲学，与文化社团展开严肃的对话，后者的信念和价值观与它们并不一样。

美国博物馆协会道德工作组将其任务的表述理解为唤起“比法律更高的标准”，这在可能使法律本身受制于道德审查的价值层面上，暗含着一种过时的信念。工作组主张，尽管个人可以依照道德行事，但他们的行为如果有与博物馆有关的，应该依据由机构建立的标准进行规范。每个人都被禁止欺骗或欺诈，并有义务履行合同协议，尊重其他人的基本权利，但是，这些都是私人的事务，委员会被列入陪审名单，来决定什么样的额外道德责任适用于仅仅因为它们是博物馆的博物馆。道德制度，必须与那些机构区别开来，它们唯一的义务，不只是合乎法律，还要对它们自己或它们的投资人和选民们负责。道德行为采用的是一个比职业化或者单纯的逃避法律责任更高的水准。藏品以及相关的保管问题，似乎不再是核心问题。没有收藏的机构，如科学中心，如今也被显著地包括在博物馆界当中，削弱了对珍贵实物的责任是博物馆独特本质的假设。[37] 此外，尽管对博物馆有着持久的"管事"表述，但博物馆之于它们受托拥有的实物的关系是有变化的。它们重要性的递减被表现在抽象的修辞中，将现有的收藏称为"自然和文化联盟"，博物馆承诺促进和保护收藏的多样性。同时，博物馆投入精力，通过公共项目和推广活动来增加观众。游客调查和评估研究没有拖后腿，就像博物馆通过提供有利于引领"美好生活"的令人满足的体验，来承担它们作为"服务公众之非营利组织"的外向型任务那样。[38]

博物馆的新身份

什么是后进步主义博物馆所倡导的"美好生活"？与百货商店和存储仓库不一样，博物馆之于它们保存的实物，总有一种超功利主义的关系。现在有一种附加的价值考量，因为事物生成体验并且传播观点而被赞美。如果藏品的物质利益无可怀疑，那么博物馆必须考虑将替代性的自我合理化作为通向美德的路径。

从现代角度看，似乎博物馆功能在很大程度上已经成为催化因素，生成游客的有效体验，无须越过决定那些体验的实际性质。催化剂通常保持在它们传播的反应之外，来加速自己的进步，然后脱离且不影响自身。体验的中介并不比实物收藏在道德上更有选择性，它也不是内在地更易理解。经历一种体验，在审美上可以令人满意或不满意，情感上令人激动或无聊，有教育意义或使人萎靡不振。它也可能是有害的或产生危害。体验在本质上没有道德判断,但有道德后果,那些诱导体验的东西对它们所做的事情负有责任。

因此,一份歧义颇多的注解困扰着博物馆的兴趣,从收集物质性真品转向提供真实体验和它们在排名上的反转。如果体验的真实性占先,那么其生产方式或原因的真实性,就变成"单纯的"工具,并且这样的价值最终可能被单一地描述成效用的一维尺度。

哲学家让·鲍德里亚追溯了自我毁灭的模仿之路,从生活体验的极端真实性开始,以其收缩成纯粹的媒介结束。为了显示某些道德上的厌恶,他清楚地表达了参照的灭亡,以及因此与真实可能被判断相对立的标准的灭亡。[39] 模仿总是以取代真实来消除真实——而随着真实的消亡,所有的冒充者同样被抹杀了,只有体验剩了下来。对体验的痴迷,已经填充了由实物的虚拟所留下的真空。因此,我们执着于评估一份感知到的"真"——体验的自反性——不管它是或代表着什么。在一个有意识的主体里有脑电波就够了!

博物馆对在技术上可再生的体验的迷恋,延长并微弱地重复着它们对物理上的"真"东西的历史性贡献。在实现现象学上的真实性方面的热情当中,博物馆已经经历了无意义的实现过程。冒着说教的风险,我认为,这种对制造真实体验的强烈爱好是虚无的。从小接受"旋转"和"变形"教育的一代人,对偶发事件的感悟是异想天开的,很容易将即时的与真实的混淆起来。但是,保留真实性不是一个微不足道的追求:博物馆的生存取决于它。在真实的事物与它们或多或少的充分的代表之间,没有有意义的区分,真理和谎言都不会继续争夺来自直接存在的体验。[40]

机构道德

对职业或机构道德的讨论通常侧重于公共和私人生活之间的道德鸿沟，最终的侧重重点往往是在个人诚信和政治或专业利益的冲突需求之间。[41] 在我看来，博物馆是一种超个人实体，受制于在性质上不同于适于个人的道德要求。博物馆更像是剧院而非大型陵墓或百货商店，它受制于机构业绩标准，而这为改变人们的情感和判断树立了道德责任。[42]

制定了《博物馆道德准则》(1992) 的委员会，将博物馆归因于一种“提升更高、更一致的道德标准……服务于博物馆、它们的选区和社会”的能力。然而，很显然，它把这些目标当作通过规范董事会成员、雇员和志愿者个人行为就可以实现的。道德声明将注意力转向对尊重多元化、个人利益服从公共利益和协作行为的需求方面，但没有将诉求用于属于博物馆的、意义重大的规范性特征上，作为一个整体，博物馆可能在实现“美好社会”方面展现其领导能力。

作为中介机构，博物馆被定位于塑造并保留价值。在一些有争议的展览中，特别是在与它们相伴的计划和执行的公共对话当中，有可能发现一种更具灵感的道德领导力源泉。由 1995 年国家航空航天博物馆的艾诺拉·盖伊号机身展无意之中引起的兴奋，显示了博物馆原则上拥有的道德能力，甚至是在这个案例当中，这家博物馆屈服于约束性的压力，从其最初的展览提案当中让步了。像几年前科克兰画廊的罗伯特·梅普尔索普图片展那样，史密森学会的国家航空航天博物馆(NASM) 的展览引起了公共辩论，还引起了关于道德意义不可能从普遍原则中导出或从个人义务当中推断议题的、明了的讨论。

如果哲学家将道德特性完全归于机构的话，那么它就只是隐喻。甚至在赋予它意义的机构框架之外、个人行为不可解释的地方，此类机构的定义作用仍很少被注意到。棒球，或股市，或博物馆，应该产生价值，对于人们来讲也许是不可思议的，因为这些机构通常被表现为抽象概念——如同个人代理和行政机关在概念上的复合体。尽管它们只是表面上的结合，它们持有海量的财产，它们具有政治影响，但是这样的机构的生命力却常被剥夺。[43]1992 年《博物馆道德准则》明显假定了博物馆的有限视野，排除了机构可以（或应该）具有一种独立的道德观，或任何谈论好、坏或冷漠特点的可能性。

那种机构可能发起并表达道德媒介的意见，似乎会使机构人格化，并赋予它们超人般的意识。我们倾向于认为，因为道德需要意向性，所以它需要意识。我认为，品德并不意味着意识，而是创造意义的能力。机构在某种程度上拥有超越任何个人的能力。[44] 事实上，它们雇的个体仅仅是传播机构创造的意义的介质，为此它们必须承担责任。

自我反思的博物馆

博物馆表达意图，但并非必然是它们的意识。我们经常“读出”身体和手势的意图，甚至那些无生命的东西，而它们肯定是无意识的。在获取、储存、展示和处理事物方面，博物馆把它们交给意义类别，这可以持续好几代，有时比实物本身更持久。因而确定的价值凌驾在独立于任何个人判断之外的实物之上，设定与这些实物相融合的规范和期望。一代代用户和观察员“接受”这些意图，仿佛它们本质上就属于实物。像尺寸或形状一样，一件实物的目的和价值表现为客观上依附于它的感知性能，其外表被传统的博物馆策略，诸如配置、安全、标签副本、讲解员巡讲、目录描述、参观指南、学术论文的引用等强化。在赋予价值方面，博物馆的角色是无形的，就像大学里的调查课程与选修课在选择性教学及无意识褒扬方面的作用。恰如它们展览那绿色的、六英寸长、青铜铸造的可能是在葛底斯堡发现的东西那样，博物馆还展示被认为是伟大、珍贵、神圣、最重要或历史上重要的实物——进而自然而然地突显实物的价值。[45]

博物馆拥有的象征和肯定价值的非凡力量，最近被修正主义策展人和选择性展览实践所揭露。持异议的策展人和批评家们通过博物馆自身的资源表达他们的不满，有意给实物重新指定意义。一些展览被创作为个人自主权的自由表达，但是其他展览则被明确地用于测试博物馆机构特征的道德纤维。[46]

由艺术家和自由策展人弗雷德·威尔森在马里兰历史协会（1992年4月—1993年2月）发起的主题为“挖掘博物馆”的展览，说明了这一趋势。这个展览是对否认基于种族人格的国家文化的控诉。而且展览也特别针对了博物馆，由于博物馆与这种文化同谋，并背叛了它们的道德和知识分子的天职。在“挖掘博物馆”展览当中，威尔森精选了博物馆的古物和文献藏品，来披露一段美国历史：奴隶制及其在种族主义和偏见方面的延续性。此外，他还展现了奴隶主的权利如何继续被反映在现代博物馆收藏和展览实践当中。威尔森创造性地运用了一些博物馆自己的被损坏、被忽视、被抹杀和不小心被遗忘的、显示了民族掠夺的实物,而且将这些与其他的博物馆自豪地保护和展示的物品并置,策划了一个真正辩证的展览,并强烈要求博物馆予以解释。

“挖掘博物馆”不单单是一个揭露可耻做法的历史回顾。展览直面博物馆自身,它攻击的目标是此类机构的特性。展览突出了博物馆原则上回避创造和消融价值观责任的矛盾。威尔森指控博物馆欺骗,有意或不知情地掩盖了其在真实性方面的贡献。马里兰博物馆的创始人及其当前的员工都没有参与蓄奴犯罪,这一假定的事实并没有免除博物馆或他们在道德同谋上的罪责。通过不加鉴别地延续对来自战前的某种具体物品的种姓验证,并且贬低其他物品,博物馆将自身的专家评判与蓄奴者的评判结合起来,还为他们的错误分担责任。威尔森颠覆性地展示诸如枷锁和鞭子之类的实物,并且通过描绘正被博物馆置于脑后的人物的方式,将它们重新定位于更传统的珍宝和任务的关系上。[47]

在要求博物馆面对自己的道德历史的同时,威尔森也面对公众,质疑博物馆对这段历史的默认。一些公众批评者发现这种侵犯他们主体性的行为,比提醒他们的错误攻击性更为直接,还有紧急的投诉。但是如果博物馆是供实物说话的场所,那么当实物被展出时,它们将谈及过去和现在的错误以及权利。允许博物馆选择性沉默的道德准则,从逻辑和历史上看都是颠三倒四的。实际上,它使博物馆致力于保存的世代之间的交流产生了障碍。不过,这一观察适用于作为机构的博物馆,不会挑出个别博物馆工作者的玩忽职守。威尔森策划的展览所揭示的某些实物被忽视、损害和疏漏,像它所见证的人们的恶习那样,并不是缘于保管员的过失或一些工作人员的粗心大意。在这些案例中,艺术家和主体的不完整出处或未经证实的身份,不是由策展人或登记员的过失造成的,而是博物馆主体遭受恶意惩罚的结果。除弗雷德·威尔森之外的其他个人本可能会在早些时候进行干预,或抗议把他们的实践视作违反职业要求——但他们没有,也没有期望他们这么做。这是一个机构性错误,一种博物馆里的不良品德或道德失明的症状,不单单出自个人的行为不端,也不可能简单地通过职业指导方针的调整予以纠正。[48]

作为公众仆人的博物馆

在给道德委员会下指示的时候,美国博物馆协会还就博物馆教育委托了一个工作组。1992 年,这个委员会发布了报告《卓越与公平:教育和博物馆的公共维度》,拓宽了道德准则的范围,将博物馆整体上作为一个具有道德功能的机构。这份报告将公共服务和教育置于博物馆使命的中心位置,广泛呼吁以先前的声明为特色的高度专业的职业特性。报告肯定地指出,教育是整个博物馆的业务,而不是一名独立工作人员的责任,后者只是最低限度地涉及博物馆的其他方面。此外,教育并不局限于儿童和学校组织,它触及每个时代的每个人和社会的各个层面。报告承认了过去在关注收藏、保存和研究与重申公共访问重要性之间的紧张关系,呼吁博物馆重启,毫不含糊地拥抱多样性和公共服务。在这里,公众应当被多元和民主地理解,而服务指的是博物馆的教育使命。教育的目的是“培养一个开明的、具有人性化的公民,他懂得了解过去的重要性，机智又灵敏地忙于当下，并决心塑造许多被赋予话语权的体验和观点”。[49]

怀疑论者可能会认为这份报告是一个相当平淡的道德承诺，然而，它确实标志着人类修养和交流可能性的胆怯和世俗。它说明了人类社会的善，表明了博物馆期待实现它的投入和承诺。它承诺加强和建立博物馆的特殊能力，邀请公众参与这样的努力中，并不担忧职业地位会因此受到危害。报告还声明，愿意承担领导责任，并且在不希冀执行绝对控制的条件下承担义务。这些是满怀希望的道德声明。它们许诺以主动的忠诚去实现善，而不是被动地服从于一个规则和禁令的平台。在表达对人类尊严概念及其创造性表述时，报告肯定了它的承诺，而且正式放弃了关于博物馆角色的特殊道德权利。

大约在同一时间，一种不同的声音为另一位作者采用，他顽强地坚守这样的信仰：“藏品、实物及它们的标本，将永远、且应该永远是博物馆运营的核心。”苏珊·皮尔斯慎重地以一种极为谦逊的态度叙述着，努力协调当下客观性、价值的腐蚀以及她的信念，她相信，实物无论如何都会“构成社会生活……帮助创造价值”。她观察到，博物馆在社会生活维持、延续赋予其意义的方法方面，发挥了道德作用。

> 如果我们假装拥有我们没有的权力，那我们就是在表演魔术，是一种欺骗，这样就格外违背策展人及其同行重要的传统标准。同样，否认我们人类有能力实现任何一致性或满意度措施的无政府主义和虚无的后现代定位，在我们的思想或社会起作用的方法上

> 也有回应。也许，如果我们愿意忍受比前人更多的不确定性，接受意图而非信仰的话，那么我们可能明白，我们的行为模式是谈判得来的而非强加所致，允许有限的和谐与临时协议。在这个过程中，策展人发挥其作用，是社会知识和大多数社会价值的重要中介。[50]

就我所理解的皮尔斯的言论，她说的不仅仅是策展人和其他的博物馆工作者，还有属于博物馆的意向性——一类标明拥有自己的生活和事业的机构，其道德品质无法归结为个体的人的品德。而且，它需要许多人的善意，以完成其作为公共仆人的使命。

7 博物馆和教育

20世纪90年代，公共服务意味着包含一份教育责任。然而，史密森学会副秘书助理克劳丁·布朗，激励她的博物馆教育工作者同行“提出深思熟虑的讲述人类体验的问题”，同时提醒他们，没有人可以满足公众的所有需求。[1]就调和一个社群里的个人而言，教学一直是一场斗争，布朗的提醒强调了业已增强的广度和博物馆现在处理的多样化社群的交叉复杂性。20世纪末，博物馆普遍接受了民主的原则，就是所有人不仅有权利分享公共文化，还要积极构建文化的过程。这就意味着博物馆必须倾听并做出回应，还要讲述给公众——这是一项对所有民主设立的教育机构的共同要求。从历史上看，博物馆不同于其他机构，主要是因为它们将中心位置分配给了作为教育资源的实物。

一方面,实物中心论有时被看作是给博物馆提供了一个独特的教育优势。不只是摆脱了语言限制,而且与电影、历史书籍、电视纪录片、照片或歌曲相比,实物是较少受到解释性语言影响的。[2] 另一方面,有那么一些人,他们认为,遗物一旦被放进博物馆,便会无可挽回地变成修辞对象,像被刷上了厚漆,跟任意一本书或者电影一样,带着相同的、复杂的解释性意义。事实上,他们指出,博物馆里实物彻底的安置,表达了把我们自己与实物疏离开来的意图——要么封存过去并将其置于我们身后,像许多大屠杀博物馆和纪念馆在事件发生半个世纪之后所做的那样,要么美化记忆,像"临时的"汉城博物馆纪念韩国作为一个国家成立50周年所做的那样。在博物馆化的实物组合中,通过故事方式讲述的事件和过程以及完整时代的人为保存,通常是相当静态的。不过,如我们所见,今天的博物馆正在加快步伐,运用交互式和剧场设施营造体验。

不过,用体验来取代实物,威胁着博物馆作为教育机构的独特性地位,体验具备私人化和不可预测的特性。但博物馆作为教育工作者的可靠性,取决于其修饰体验以达到如同实物可以呈现的那种程度共性的能力。如果博物馆只是最近才接受作为易变的意义而担当实物的中介的话,那么克服更为短暂的东西的挑战会有多大?如果体验(而非实物)是它们的惯用手段,博物馆就必须重新考虑它们关于教育独特性的声明,思考诸如"体验如何以及为什么一开始在教育上就是有用的"之类深刻而又令人费解的问题。

体验正在扩展,我们从体验中学习,没有像体验这样的教师,这些都是陈词滥调——但并非所有的体验都一样地具有教育作用,有些完全适得其反。此外，我们怎样从体验中学习？学些什么？或者从非常私人化的经历和体验的过程中遵循什么？并不明确。只有当体验不再是私人化并获得可分享的形式的时候，体验才能在教育方面变得有意义。[3] 博物馆所采用的生成体验的技术，与装配或展示实物的技术不一样。制作博物馆物品是将公共可见性赋予它们，然后使观众接受那些像是从外面送来的东西。营造博物馆体验，必须同样有一张公众脸，虽然它肯定会把博物馆访客向内转化到他们自身。在体验向外流向公共领域之前，它不会比未经解释的实物具有更多的教育功效。

学习是初入行的人和门外汉被引入公共领域的手段，在那儿，他们加入其他人的共同话语。私人体验常常是从那一领域退出而获得的。那么，为什么博物馆应该付出劳动来生产似乎是倒退的孤立和潜在地疏远的东西呢？因为一方面可以从实物在公共性方面残留的信仰中得出，另一方面，也可以从对人性统一的渴望里找到。在承诺经验共享的前提下，尽管观众呼吁“多样化”，但认识论的信念依然强劲——在博物馆与在其他地方一样——最终会有一个真理，一个单一的（和完美控制的）刺激将它唤起。因此，一些荣耀的客观事实，被公共领域所属赋予的证明凌驾于你我的体验之上。甚至当我们肩并肩站立，同时经受各自的、由博物馆环境所“塑造的”体验，我们也会被提示带走一份“相同的”、公众承认的事实的判断。这就是需要学习的实物。

从实物学习

单是陈列并不足以确保任何人以一种特定的方式体验一件实物，或由此得出一个可以预测的观点，但实物永远不会被孤立地体验。无论在世界上还是在博物馆里，实物被展示在一个语境当中，被一种文化塑造，体验它们的无论是谁，都要通过一个复杂的（据悉）同化过程才能做到。文化促使它们的用户学习如何通过使用来体验和非正式地理解实物。用户也会将他们个人的经历带到体验之中，但那也是被限定在文化中的。一些正式的科学，从一种"无个性的"、将实物从它们最初的用户手里分离出来的角度来研究文物。传统的博物馆一直赞成这个视角，没有认识到它还代表了一种文化"使用"的类型和一群与最初用户的文化有些差距的用户。作为重新体验实物的场所，博物馆创造了一个不同于基本用户语境的语境，但又与其略有接触。因此，一个人从博物馆学习知识，必须得适应它们和它们灌输的二阶能力。这种能力有时候被称为"博物馆素养"，包括"阅读实物"和从所有额外的、高阶有形的与程序性服务中获益的能力，这种服务是博物馆有能力提供的。[4]

实物的可读性，属于物质文化研究人员的专业领域，它们的破解类似于由口述文献历史学家提取出来的解释。实物历史学家们开发了系统分析和类型分析的概念和方法，现在作为真正的历史地理学被广泛地接受。显然，在符号学上，事物像词汇一样是深厚的，所以博物馆是重要的研究场所。博物馆素养教学的支持者，将他们的主题看作是一种在非常广泛的范围内理解人类交流的手段。物质文化领域的杰出学者托马斯·J. 施勒雷特写道,“博物馆素养的核心,不过是人类文化的另一种形式,知晓的另一种模式,为解读他人和我们自己的另一种理解语法”。[5] 因此,物质文化研究是一门人文学科,施勒雷特建议博物馆教育公众如何将遗物转换成易读的、拥有个人意义的实物。这就需要博物馆将游客带领至幕后,有效地启发他们进入博物馆专业工作当中,更像是大学教授引导学生进行学科实习一样。虽然这样强化的训练必定有利于为他们普及博物馆知识,但是大多数人对这样的集中学习不感兴趣。人们不会为了成为博物馆专业人士而去参观博物馆,很少有人会将解读博物馆实物的能力视为实质上的目的。如果博物馆是有教育意义的,那它们必须帮助游客把在博物馆里可以体验到的东西运用到外面的世界。

关于博物馆教人们“去看”这方面的假定,已经迷惑了那些把“看见”简单地当成看的正常结果的人。的确,看得到的事物并未传达一个清楚的故事。学习解释它们,对每个人来讲就像学习如何使用数字或如何说和听一样,是一种必要的能力,但是,这远未得到普遍的认同。正式的学校教育很大程度上随着象征性框架发挥作用,此框架可以被抽象地教习,也容易转换,或者至少就概括它们的教育学规程而言是适得其所的。我们通过没有内在位置还可以被任意复制的中介系统——书本里、电视上、讲座中,在远处了解实物,书面或口头语言和传送规则就足够了。当然,博物馆也可以运用这些技术。除此之外,作为实物保管和展览的专家,博物馆直接把人们置于实物跟前,向实物或通过实物学习。“阅读”实物设定了一定程度上的特殊性,需要个人与它们邂逅。那种个人化的邂逅是体验的基础,博物馆需要依靠它们兑现其教育承诺。

实物是供个人反思的一种资源，机构可以对人的反思产生影响，但不能完全控制。以我个人的体验来说明一下：几年前，在新英格兰纺织博物馆，我参观了有关殖民地美洲纺织生产的一个展览。伴随着理解的冲击，我“看到”家庭劳工如何对每一个家庭成员提出要求，哪怕是三岁的孩子都有可能被分派实际的任务，这么做能够巩固家人间的相互依赖和家庭责任感。在同一场合，通过查阅资料，我“看到”19 世纪的工业化如何从根本上改变了工作的性质，摆脱了简单复制的操作，令其合理化。同时，次要的关注（比如有利可图的废品处理）是如何通过这种合理化被采用的。在这一点上，劳动需求超过了小孩的能力，迫使家庭成员分散到工场和家庭。我现在还记得这些激动人心且令人震惊的发现，那种激动和震惊因它们像是我独自经历过的事实而增强。从明显的辅助标识看，很显然这不是博物馆有意提供给我学习的课程，那些标识仅仅限于描述制作布料的技术。也许通过研究传统的工业史文本，我本可以学到我提取出来的这些社会和经济史，但是我怀疑印象会不可磨灭地生成。我相信，在这个案例中，我直接从博物馆实物激发的体验中学到了知识。毫无疑问，博物馆对收藏和安排实物负责，但它没有预设好我的体验的特殊品性。[6]

从对最接近合理的实物属性的直接体验出发，在提示性展示的帮助下，人们可以推断出隐含的、具有因果关系的生产方式、功能价值、社会目的、文化环境、历史发展、格式上的影响和象征意义，还可以同可能的替代性建构做比较。[7] 不是所有的遗物都一样可被解释，或在同样的程度上可读，事实上，试图立即处理所有参数的博物馆展览是罕有的。

然而,学习理论家和环境心理学家已经得出这样的结论,特定的概念和发展共性确实存在,这些知识使博物馆可以指导其观众的体验,以达到一定程度的一致性。

对博物馆观众的现场考察表明,无论是大人还是孩子,都不会轻易放弃他们关于世界的天真的先入之见。[8] 我们倾向于强化我们已经知道或愿意相信的东西。关于认知的另一种研究类型,描绘了不同的智能类型,它出现在不同个体的可变的配置当中。这种类型导致了不同的问题解决模式和学习风格,研究人员建议博物馆作为理想的场所,来尝试以个体为中心的学习范式。[9]

个人认知差异必定会说明一些感知上的区别,但是,同化的阶级、种族和性别差异,在人们的知觉判断方面,构建了更强大的变化基础。博物馆收藏和展览,在历史上与一种特定的文化以及一种远非普遍的认识论有关。没有分享博物馆认知起点的公共成员们可能会被其旁观实践所排斥。那种对主人而言貌似良性的联合领导,对客人而言则似乎是家长式的屈尊行为,他们可能会因随之而来的同谋建议而妥协。为了敦促彻底的解构博物馆及其哲学前提,一群玩世不恭的探险者认真研究了收藏及其机构的认识论。一位批评家援引了弗吉尼亚·伍尔夫的《三枚金币》,建议“我们永不停止思考——我们从中发现我们自己的这种‘文明’是什么?这些仪式是什么,为什么我们要参与其中?这些职业是什么?为什么我们应该通过它们赚钱?”[10]

将那种批评应用到博物馆及其教育上的行为表明,科学地推动以及在方法论上优雅地“扫盲”还意味着社会准则和政策,是它们把诞生了博物馆的文化价值供奉于庙堂之上。为赋权而分发的工具实际上不会解放它们的受众,倒是把他们教导成了使用工具的附庸。这种指控削弱了传统博物馆的特有身份,提出了教学与权威之间的关系问题。

“生态博物馆”是一种相对较新的博物馆模式,旨在克服对专业知识的崇拜和客观认识论所产生的排斥。被归类为“少数民族博物馆”的这种博物馆类型,与其他博物馆相比,实际上在时空当中并不那么狭隘,但是它明确地摆脱了普遍的主张,公开地侧重于当地社会及其文化:

> 这儿的实物是家庭和社群的纪念物……在当地的博物馆里,“当地”很重要。一个人无论是旅行到这儿,还是居住于此,都认同私人的遗产。当然,每一家博物馆都是本地的博物馆:卢浮宫是巴黎的,大都会是典型的纽约机构。不过,虽然主要的博物馆都反映了它们的城市和地区,但它们渴望超越这种特异性,并能够代表一个国家的、国际的或人类的遗产。[11]

可以说,生态博物馆是社群的中心:

> 不论是一间仓库还是一座神庙,两者都是将实物与普通人隔离开来,并且需要专业的帮助方可靠近和理解,而生态博物馆在自我身份的发展及其在帮助社群适应快速变化方面,认识到文化的重要性。因此,生态博物馆成为经济、社会、政治成长和它所赖以生长的社会发展的工具。[12]

这一模式拒绝典型的说教式假定，即所谓每一名博物馆观众都是一名外行的翻译云云。它有效地消除了博物馆“内”与“外”之间的鸿沟，当地的博物馆访客被认为是合伙人，而非观众，并且是令这一机构成功的一名利益相关者。为了那种从社群内部引出深藏的文化知识的对话，一些少数民族博物馆通过在“局外人技能”方面交易技术作坊，从它们的相互依存中获利。参加者学习如何成为自己故事的策展人，教学和学习不分层级地发生在所有的社群成员中间。当它们的发展轻推记忆，通过额外的社群成员引来进一步的扩张时，展览就从小的开端有机地成长了。这种以“对话驱动的”博物馆仍然是相对稀缺的，但它们开始出现，尤其是在传统博物馆里被拒绝了话语权的社会群体当中，它们通常被当作研究对象。

纽约中国城历史博物馆是一个很好的例子。其馆长陈国伟已经采用了由巴西教育家保罗·弗瑞尔开发的教习素养的技术，用于达成博物馆的目的。1984 年，这家博物馆与纽约州博物馆合作，举办了双语展览“八磅生计：中国洗衣工在美国的历史”。展览是通过访谈、社区研讨以及开展“与当地个人的私人体验共鸣”对话形成的。它帮助在美国出生的孩子们理解他们出生于中国的父母，使具有不同背景的华人尊重彼此的历史，并从不同的立场讲述知识，包括对中国人和非中国人的解读。反思从展览中学习，馆长期望在博物馆结构方面有深刻的变化，赋予人们从过去到现在平滑过渡的力量，在他们栖居的多样化世界里改善他们的生活。[13]

教育潮流

教育一直都是每个人的事务，但最近几十年，教育的商品化已经赋予这一概念以新的意义了。教育已经变成了真正的大生意，而博物馆比以往任何时候都更加处于竞争的位置，也有与其他机构的合作，以求抵达公众的内心、思想、耳朵和钱袋子。1965 年，约翰逊政府的法案要求提供平等的教育机会、追加的教育服务和针对弱势群体的特殊教育，这就因开发新项目而把新的负担搁在了公共学校头上。[14] 学校系统向博物馆寻求帮助，设计替代项目，适当地丰富正式的教学课程。各方面杰出的文化机构领导人聚集在一起，深思基本的教育学问题以及具体的可行的建议。他们的讨论涉及博物馆教育的历史、书面证据上古物的卓越、研究的本质、艺术和科学的比较优势、与团体相比个人参观博物馆的收益，以及教育的本质和目的。[15] 该共识的达成，有利于政府支持博物馆，也有利于培育博物馆和所有层级的正规教育机构之间以及博物馆自身的合作。在乐观的十年当中，新博物馆在北美涌现，旧博物馆经历了剧烈的调整和振兴。美国政府的国家艺术基金会（NEA）、国家人文基金会（NEH）、它们的子机构国家艺术委员会，以及处于博物馆服务法案之下的博物馆服务研究所，于 1976 年最终成立，这对博物馆教育潜力的公开肯定给予了合法的意义。[16]

在博物馆界，专业性更强了。1973 年，一份专门面向博物馆教育者的期刊《圆桌会议报告》正式发行，它促使博物馆教育工作者将毕业生认证项目与最近成立的博物馆研究机构联系在一起。[17] 走出了一直以来相对于博物馆的主要职业而言相当边缘化的附属物的阴影，博物馆教育工作者突然被迫在基础广泛的、生产知识的系统里扮演一个越来越自觉的角色。新的政府和基金会指导方针宣布，教育是博物馆身份的核心，博物馆必须通过提出富有想象力的教育项目，向未来的资助机构证明它们的存在价值。[18] 到 20 世纪 80 年代中期，教育被谨慎地称作博物馆的“精神”，仅仅几年之后，美国博物馆协会内部任命的一个委员会就告诫博物馆，“博物馆不再可以简单地把它们自己局限于保存、学术和展览，不再独立于它们存在于其中的社会背景之外。它们必须认识到，博物馆的公共维度能够引领它们完成公共教育服务。广义上讲，包括探索、研究、观察、批判性思考、沉思和对话”。[19]

反思教育

也许已经发生的最重要的变化不在博物馆的本质方面，而是在教育的概念上。20 世纪 60 年代末，教育工作者和教育理论家们开始彻底远离教育学的说教体系，即那种似乎已经被行为主义和实证主义认识论立法了的储蓄和投资的“银行模式”。根据新的模式，教师不会向学生灌输知识，而是将他们当作空的容器来填充，更加温和地将学生置于概念之前，自己作为同化他们的过程站在一旁辅助。这种教育方法并非完全是创新的，在过去已经被多次提倡——被许多人，包括 18 世纪的让·雅克·卢梭，20 世纪初的玛利亚·蒙特梭利和约翰·杜威。不过，这种教育方法在 20 世纪 60 年代出现了变化，它关注人和过程而不是固定的主题事件，想要利用它包含的人类和非人类的资源来扩大教育的触及面。在这方面，学校与博物馆更紧密的联系似乎更值得探讨。

在博物馆，变化很大程度上是重点的转变。史密森学会本身已经是按照其恩人詹姆斯·史密森的模糊训令创办起来的，以影响“人类知识的增加和扩散”。[20] 在它所任命的领导人之间早期的争论中，一直无法弄清这是对私人研究和学术的训词，还是规定了更多收藏和传播的公共计划。[21] 认为博物馆有责任教育普罗大众而不只是少数特权者的观点，从博物馆起源开始就已经深深植根于美国博物馆运动。但在那种判断当中，几个假设是必需的，最明显的就是教师和学生之间于权力关系上未经挑战的不对称性。

艺术和文化是令人振奋的，这种虔诚的信仰在 19 世纪根本不需要辩护，但今天的教育者在声称“我们的工作对人们有好处”时却都更加谨慎了。口号式的重复当代博物馆关于“公共服务”的承诺，几乎无法传达混乱的道德、政治和精神信念——那种早先对教育“提升”的奉献所代表的信念。如果依然困惑的话，那么今天的问题就更务实了。它集中在博物馆陈列是否或者如何将观众与理念和事件连接在一起，博物馆是否或者如何能够培养品位、辨别力、判断能力和情感。[22]

史密森学会的第三任秘书乔治·布朗·古德简明扼要地阐述了依然需要尊重的博物馆教育观点，他认为：“一个有效的教育性博物馆，可能被描述为一个有教育意义的标签的集合，每一个标签都被精选的标本所阐明。”[23] 克里夫兰美术馆的前馆长谢尔曼·E. 李热情地支持一种非常不同却一样自信的观点，即重视美学而非效率。李把博物馆描述为

"一种原始视觉知识的鲜活资源,对所有人可用,必须尽可能长时间地保存那些值得保存的图像,以便那些即时的和遥远过去的、仍然存在的艺术依然可见"。[24] 20 世纪 60 年代末和 70 年代的教育创新者,较少确定任何标准的、知觉的或理智的普遍性。在心理学家让·皮亚杰的影响下, L.V. 维格斯基和杰罗姆·布鲁纳等人在英格兰和美国务实地开启了课程改革运动。这些 20 世纪中期的教育工作者对学习和教学的"发现法"做了辩护。这种方法的核心是,学习是一种自我引导的探索和发明活动,借此,学习者自主地获得想要的结论。教师的工作是营造可以开展学习的环境。[25] 显然,这并不像看上去那么简单,因为仅仅提供教室和书本是不够的,也不是所有的发现都具有同样的价值。学习者不会在同一个地方出发,当然也不会以空白的心智起步。无论是儿童还是成人,他们会以不同的能力、文化构造和兴趣发展起来。此外,他们的发现,像我自己在纺织博物馆那样,遵循由学习者的具体历史和经验所塑造的认知性格。[26] 为了确保教育成功,学校和博物馆倾向于预先策划,过分地控制可能的发现范围,以便观察者发现的东西会实际地阐明期望他们看到的东西。虽然它安排了一个重要的、有教育意义的角色供学习者体验,但是发现法可能因此偷偷地折回乔治·布朗·古德支持的启蒙主义。

在这种教育模式的背后,基础主义者的信念是,学习者将及时在社会谈判专家的帮助下得到正确的解决方案。"发现"意味着有真正的真理或者事实被发现,这种方法确保了在发现它们的基础之上,学生们将满意于一种所有感。在一种促进教学和个人学习责任感的"相关性"环境中,教育者很少会责备学生的无知,因为相比学生学习兴趣的下降而言,那是一种正常的状况。面对着无聊或学生们对现成答案的被动和冷静接受的普遍状况,教师们更想要激活学生们的思考。发现意味着一种兴奋的元素。即便所发现的既不是旧有的也不是新的,也有他自己发现的兴奋,教育者期望这会是充分的学习动机。在倡导"动脑"学习方面,他们习惯于灌输的是一些不那么精确的东西。知识的根本解构也不是他们大多数人记在心头的。尤其是他们当中的科学家们,大多是发现法应用方面的先锋,他们想要的无非是唤醒人们的好奇心和自然的智慧,促进合理的调查方法,并鼓励独立的判断练习——他们将其视为科学发展基本必需品的条件。[27]

多层次的实物丰富的博物馆,貌似一个可以探索体验的理想环境。正是因为管理体验的法则是不成文的,且专制的教育协会可以被避开,所以博物馆是一处适合自学的理想场所。博物馆终究是世界上的小小角落,过去它们一直是保存世界万物的仓库,但现在它们将传播安全和启蒙的、关于它们的体验。加入将学校变成"学习中心"的运动当中,博物馆要成为"文化中心",两种机构都致力于创建一个个人成长和社会互动的环境。鉴于博物馆有办法刺激自发的好奇心,学校可以保持规律性的开花结果研究需要的纪律。这看起来像是一段幸福的婚姻。

但旧的苛评并不易于摆脱,教师那纪律委员、女教师般的形象依然是全面合作的障碍。博物馆权威的传统模式,加上学术研究的英雄形象,强化了作为一个较小目标的"单纯"教学的、缺乏想象力的愿景,抑制了博物馆作为平等的教育者的角色。20 世纪 60 年代,教师还是个薪水微薄、地位低下的职业,其从业者大多是女性。人们无视她们的善举,教师们被看作庄严的女仆或技术人员，她们的工作合乎她们的能力，就是将打了折扣的课程分发给“非专业”的公众嘛！

对大多数博物馆馆长而言，教育不是一种实质性的学科，因为不需要历史、科学或美术史选定领域里的专业知识，而似乎只要求那种一般情况下母性的本能，而那通常在职业圈里为人所鄙视。具有讽刺意味的是，在那些坚决主张就其本性而言整个博物馆都是教育性的人当中，叫得最响亮的，通常是“兼职”博物馆工作人员的教育者中人们最不屑一顾的人。[28] 显然，在学校与博物馆真正合作之前，本质上的改变是必要的。

将教育融入博物馆架构当中

当博物馆和学校都开始接受“以学习者为中心”的哲学时，它们将目光转向社会科学研究成果，以寻求理论支持。如果教育不是简单的主旨传递，而是一种多称谓沟通形式的话，那么对教学而言，学科专业知识就不算是充分的准备了。行为和认知心理学、社会学和发展研究肯定有助于解释学习是如何发生的。发生在学习者身上的事情，成了学校课程规划者和博物馆观众调查员的基本关注点。除了对造访博物馆的人做定量的人口统计学方面的研究之外，在整个 20 世纪 70 年代，评估员们测试和估量了观众对展览的反应，努力描述发生在那里的教育现象。[29] 评估员们的首要任务依然是安排好信息的传送，但他们在完整性方面的兴趣正在增长。

教育工作者把自己呈现为学生和博物馆游客的“倡导者”,他们联合起来反对主题和实物的党徒。一些人把这种以人为中心的、关注焦点的转换辩护为一场社会革命,它肯定是一场智力革命。它从内容到程式化的学习、重复以及由外部奖励所驱动的探究,所有忽视学习者身份方面,都转移了负担。它认识到学习者不是空空的容器,而是一个自愿从事自我转型的行为主体。将注意力转向学习者的兴趣正好与发现法支持者的目标相合,而且,在某种程度上,也与一种以消费者为基础的市场模型相合,其研究者旨在创建一种传送系统,“给客户们他们想要的”。

观众开发仅仅视情形与市场发展有关,它们正式的共同点——点对点传输——被它们在目标上的不同所掩盖。沟通理论与市场理论共享的一点旨趣在于,从发源地到接收者有效地传输信息。成功的接收可以通过接收者这个角色的适当行为来衡量——如消费者的购买和学生的学习。教学和潜在的购买者对产品提升的反应,值得学生做比较研究。如果他们了解收件人需求的话,教师和制造商同样有可能更为有效地采取行动。对两种机构而言,说服都是一个要素,只不过利润是市场最重要的动机,而教学则由一个更加模糊的目标所引导。此外,学习的与采购的凭据相比,更难评估。尤其在博物馆,根本没有提交作业或通过考试这样的事发生,学习的过程是模糊的。如探索博物馆的创始人弗兰克·奥本海默常说的,“没有人会在博物馆考试中不及格”。事实上,真没有人会这样,但在失败的概念不存在时,也就没有有意义的成功了。

有关教育进程不同阶段性的质和重要性方面的混乱,造成了它们在理论上的隔离。一个教育工作者说:“学习不是教学的产物。”[30] 他的言论可以被理解为一种教师们格言式的谴责,虚伪地替博物馆管理者将教育工作从权力和影响竞技场排除做辩护。[31] 但是它也可能会被采用,并且可能在一个广泛的哲学意义上,意图表明学术本质上是一个自我激励的过程,在一个人的一生当中和其体验的重建过程中延续。如果从这个角度理解学习的话,博物馆的确有很多可以提供的,因为它们能提供充足的机会以重建体验。

这些职位中的哪一个可能成为美国博物馆协会任命的新世纪博物馆委员会成员们要考虑的,并不确定,但他们在 1984 年的报告里用整整一章阐述教育问题。由许多基金会、公司和博物馆支持的这个委员会,答应"研究和阐明博物馆在美国社会里的角色,它们保存并解释我们文化和自然遗产的义务以及对不断增加的观众的责任"。[32] 他们的报告关注了博物馆"学习功能"上的困惑,将它归于各种因素,明显包括博物馆缺乏正式教育机构程式化陷阱的情况。他们还指向众所周知的"存在于博物馆特色使命中的价值张力",而这给关注不利于公共访问所需的保存挖了个坑。他们原则上同意博物馆公共服务职责,选择说"学习"而不是"教育",以把注意力从狭隘的、传统上对那个词的理解方面移开,"鼓励博物馆专业人员将学习视为一种博物馆式广泛的努力"。

除了扩展"学在博物馆"的一般性概念,美国博物馆协会的委员会还担心日益增长的博物馆教育的职业化及其与"展览、研究和其他博物馆活动之间的智力隔离"的风险。报告强调"自发的、个人化的"学习过程,还警告不要把它"强加"给观众。这份报告创新性地将教育责任交给策展人,要求研究生教育要确保他们"完全理解他们的公共责任"。

这段话的明显意图是强调展览的教育效果,并在好的观众体验下予以支撑。这是含蓄地概括"学习功能"的一步,通过把它从对"教师们"的独家控制中移开,把它重新构想成全体工作人员的义务,事实上,这就是整个博物馆的使命。展览,永远不是博物馆的首要任务,展览的地位一直都次于图录和学术专著的生产。无论一个展览的公共赞誉可能带来什么样的短暂回报,这些最终都将被更持久的文化贡献超越。因此,针对公众的、展览的短期解释,可能会被委托给博物馆教育人员。

就他们的角色而言,教育工作者很清楚策展人与参观公众在沟通上的鸿沟,也知道他们自己是居间的中介者。因此,他们对美国博物馆协会委员会对他们的忽视提出反对,一群教育工作者发布了一份回应,将有力的抗议同一份关于委员会调查结果的、有想象力的再解释结合在一起。为了使人们牢记学习应该被完全纳入博物馆所有活动当中的建议,博物馆教育工作者们认为,这份报告是一份行动呼吁,他们必须是全部博物馆内部运营架构的一部分,还要谋划并执行博物馆的公共项目和展览。他们确认,这要求他们掌握"大量的技能和知识",他们激励博物馆教育工作者磨炼和完善专业身份,彻底适应博物馆使命,与委员会建议的进取精神协调一致。[33]

受国际博物馆协会1987年制定的职业标准声明和美国博物馆协会出版的《博物馆道德》的鼓励,博物馆教育工作者在全国范围内动员他们自己,设计了一份声明《博物馆教育职业标准》。[34] 在其中,他们把自己与教育的一般化概念联合在一起,那是1984年委员会就已提出并明确解释的,包含"所有博物馆专业人员、专业人员助手和参与帮助游客的志愿者，都要有丰富的博物馆经验”。声明承诺维护博物馆的传统价值观——尊重完整性、真实性、保存和实物品质——而且，认定教育工作者独有的专业优先权是向公众展示和解释博物馆藏品。声明单方面终止了对管理者权威的服从，并宣布教育工作者的首要责任是作为“博物馆观众的拥护者”服务公众。在这份文件的用语中，“观众拥护者”意味着理解其多样性及需求，是一份需要文化复杂性、心理过程和学习理论研究的事业。同时，教育工作者必须了解他们博物馆的藏品，还要知晓历史、理论或者相关研究领域的实践。采用架桥的比喻，他们把自己放在游客和“来自博物馆藏品”的期望之间。为了使一方适合另一方，他们必须一视同仁地与其他博物馆工作人员和外面的社团合作，必须在展览和项目的最初计划阶段就扮演负责任的角色，贯穿博物馆向观众介绍藏品的全过程。

教育工作者的声明是对“丑小鸭”式隔离的大胆而又成熟的驳斥，是对全面参与博物馆运营方面的争取。在越来越多的博物馆放弃分层展览策略、转向一种类似于展览制作团队时，他们的努力确实取得了一些成功。教育工作者与策展人、设计师、专业评估者以及各种类型的专家们都是展览开发过程的一部分，“非正式教育”作为博物馆的主要业务已被广泛理解。[35] 教育工作者也已推进了他们在博物馆架构中的政治性存在。他们那些层级的成员现在占据了重要的管理岗位，担任董事会成员，经常代表博物馆官方面对外面的世界。[36]

实质性冲突：盖蒂报告

值得注意的是，在美国博物馆协会委员会报告两年后完成的一项题为《新世纪的博物馆》的研究中，很少体现对这些教育工作者所做工作的熟悉。两位学院派艺术教育者，艾略特·W. 伊斯内尔和斯蒂芬·M. 多布斯，受J. 保罗·盖蒂艺术教育中心的委托，发表了一份报告《不确定的职业：对二十家美术馆教育现状的观察》，以检查"如何更全面地发掘博物馆教育工作者的潜力"。[37] 作者只是采访了横跨美国的二十家美术馆的馆长和首席教育官。尽管这样的观察是有局限性的，但他们得出了一些综合性的关于博物馆教育的结论，提出了一些引发行业争议的建议。伊斯内尔和多布斯的初步观点是：博物馆专业人士之间缺乏关于博物馆教育基本目标的共识。虽然他们调查的博物馆之间有差异，但他们将发现的混乱归因于对教育意义理解的缺乏，仅此而已。他们不赞成只是在一幅画上闪那么一点儿光就是一场"教育事件"的观点，他们嘲笑仅仅以更大规模投射更多光的项目描述。他们期望找到清晰的目标分类法和博物馆教育功能的分类标准，可是相反，他们发现了尚未解决的、相互矛盾的分发艺术史知识的压力，还帮助博物馆访客有意义地体验艺术作品。

策展人与博物馆教育者之间会产生严重的哲学分歧和浓厚的敌意，伊斯内尔和多布斯力劝他们和解。然而，他们自己那傲慢的腔调，以及他们的采访只是对上层职员的有限接触，对于加强联盟没什么用处。他们责备博物馆管理者缺乏新的富有想象力的主意，没有质疑他们的预算分配、对捐助人的优惠待遇,或者他们使教育部门挣扎和挨饿的倾向。他们平淡地认可了艺术品的主题情境化,仿佛这个有着强烈争议的、在现代主义艺术史进程的偏离以前从未被严肃地提出过,只等着盖蒂团队的发现。观察到“社群利益”和博物馆宣称的对公共服务的奉献之间的差距,他们指控博物馆缺乏与博物馆外教育资源和机构的联系,评论了博物馆教育工作者和制定博物馆对外政策的官员之间的有限接触。伊斯内尔和多布斯赞同的“社会愿景”的可信度很难让人接受,在他们引用的一份博物馆馆长声明中将其表述为“博物馆的角色是扩大精英”;或者另一种表述:“我认为我们的非政治性机构可以介入社会变革。我们的博物馆基本上是这样一种机构,介入财富的再分配,不只是现金财富,还有观念财富。”尽管有这些了无生气的情绪在传播,但还是一而再地激励博物馆教育工作者认真地检视博物馆在美国教育中的地位,敦促博物馆教育工作者明确他们在实现教育方面的角色。

伊斯内尔和多布斯丢下了他们最初的问题没有回答。十多年之后,一些关于博物馆教育的、同样的困惑依然存在。博物馆如何能使艺术品(和博物馆展览)“存活在观众的体验中”,仍不确定。相互矛盾的调查研究已经发现,一些观众完全拒绝在博物馆里“学习”。他们想要讲解员和解说员(在科学中心)“帮助理解展览”而不是“教”他们。据一项研究显示,观众们到博物馆去是“找乐子”,他们相信,无论发生了什么样的学习,都是偶然的,而不是由博物馆工作人员说教而产生的结果。[38] 另一项研究发现,一些游客确实是来学习的。它的结论是,学习不过是人们期望在博物馆得到的几种体验之一。[39] 游客们的这种不明确性被博物馆教育工作者所发现,他们不时地被其客户偶然的或“野猫式的”以及与展览的明确目的无关的事物的学习所困惑。令人遗憾的是,来自富有想象力的观众自学往往被视为展览目标的失败。因此,据《波士顿环球报》报道,波士顿科学博物馆的一些工作人员在发现一名观众“误用”了一项展览(该展览旨在重复伽利略著名的比萨斜塔实验)时被惹恼了。一名学生没有用展览机械测试下落物体的降速,而是用它来衡量自己的反应速度。博物馆没有对观众的足智多谋鼓掌,由于观众没有按照设定的方式来使用,反而将展览视为失败。[40]

描绘博物馆教育是或应该是什么特征的尝试,揭开了几个分歧的源头。教什么?如何教?由谁教?如果需要人来教的话,就标志着在博物馆行业内由不同派系支持的、不同的优先权。策展人和行政人员的职能,尤其是美术馆的,传统上与高度珍贵的实物的获得和所有权相协调,这种联系是博物馆社会声望的基础。博物馆及其员工,都是一种公共代理,一种对珍贵财产私有权的集体替代。

现在落到教育者头上的任务,如丹尼尔·莱斯所描述的,是详述那个中心,用使观念有价值的体系取代使作为财产的艺术有价值的体系。她说,教育工作者有道德义务来“引领通过制度抵牾,以弥合收集和展览艺术的学者们,与来博物馆学习艺术的观众们之间的价值体系鸿沟”。[41]还是这里,教育工作者在一个社群里担当桥梁的角色被引用,但这个比喻导致了一个新的纠结。莱斯指出,定性上不同的价值体系在结构上被嵌入艺术和博物馆史当中。她认为,这些系统的多样性才是博物馆学习的驱动力。莱斯的博物馆教育交易模型强调了价值的易变性。理想情况下，博物馆会被很好地用于揭示构成不同体制结构基础的人类价值体系，甚至在被不当分类或不可比较的地方。正是因为博物馆藏品的丰富多样性和对藏品表达的观点的难以置信的安排，博物馆才能够打开人们的思想，帮助他们克服日益枯竭的“假定其他人所看所想跟他们完全一样”的趋势。多数观众的反应应该作为博物馆活力标准的指标参数。莱斯提出了学习无关固定的主题，而关乎一种识别和判断能力的观点。这是一种基于经验的审美技巧，其焦点在人，而不是事物，而且，事物充当支架作用，经由人的判断而生成。由于其起源和结束在于人，以体验为基础的学习不能也不该被包含在博物馆里。在博物馆学习打开了通往馆外世界的大门。

博物馆正在探索作为“乐趣”的学习与“仅仅”是娱乐的乐趣之间的边界。它们之间横躺着奇怪的混合物，“寓教于乐”，却又两者都不是。我们可以得出这样的结论，博物馆既不是正式教育的脚注，也不完全独立于它之外。博物馆的使命显然应该是它们自己。长期与事物价值的化身相融合，博物馆正在寻求新鲜的价值表达并在非物质结构当中传输它的方法。实际上，博物馆是使观众学会学习的地方。博物馆教我们珍惜体验，虽然体验不是可以收藏的珍品，但学习体验可能是博物馆当下策划和保存的东西。

8 博物馆的审美维度

我们有充分的理由去留意一下审美理论学科，以帮助理解博物馆正在经历的从客观向主观的转变。传统哲学美学的研究重点从客观的美平行转向了主观体验。古代哲学家们认为，美存在于人类的评判之外。他们寻求有关美的条件的理性理解，就像科学家们旨在理解世界现象里明显存在的自然法则一样。早在 18 世纪，审美理论首先是转向审美享受的感性基础，然后又转向感觉和主观满足的现象学。当代审美理论家们倾向于区分艺术理论和审美理论，但两种理论都是在审视一种特殊体验以及它们得以发生的条件。虽然审美与哲学思想的其他分支密切相关，尤其是那些关于价值的，但它的独特之处在于它对即时的、感受到的体验的品质以及它们内在价值的不寻常的关注。

审美理论以审美意识和审美享受的能力为先决条件。无论是何种类型,同样的能力都隐含在博物馆的独特意图当中。博物馆对“选定的物质世界结块”的热切关注和传统模棱两可的关怀,表达了一种将无私的吸收和强烈的个人愉悦相结合的态度。在实物世界里作为一个有满足感的中介,博物馆在概念上是受约束的,并受制于审美理论。[1]

我们已经注意到博物馆里事物的不稳定性。不过,如果由此产生的体验在本质上没有吸引力的话,那么它们的多重客观化就将没什么趣味。[2]除非实物或收藏它们的行为在某些时候令人们愉悦,否则它们根本不会被收集。[3]这不是要否定它们最初的评价可能是因为其他理由,而是作为藏品,博物馆实物摆脱了一切使它们得以产生的基本功能,并被释放到新生活当中。[4]审美兴趣引导一件实物进入享有特权的无用领域。要被博物馆收藏,一件实物至少得令人着迷。但这并不意味着博物馆里每一件物品都始终令人愉悦,也不意味着它不会再有更进一步的用途,只是在成为“博物馆实物”之后,物品就被搁在了可以继续无限期变形的意义转换的斜坡之上。[5]

进入新的环境,位于有意义的参照点上的是博物馆的其他实物,而且从此以后,它们就是一个新的历史和生态系统的一部分了。它们被友好或排斥的、影响体验它们的元素以新的方式所包围,并因此更改了它们的身份。实物在一个地方的单纯累积和在缺乏以前“正常化”条件下的同步展览,迫使它们进入新颖的互动之中。一些批评者鄙视这些位移的“脱离”和“中和”的影响,其他人则抱怨在被迫进入“混乱的邻近”时诱发的对立。实际上,它们的邻近几乎永远不会是巧合。无论收藏中的物品呈现得多么不同，无论它们的并置多么超现实，它们还是受人们的选择系统限制，这是由博物馆通过审美方式强制执行的。[6]

反过来，博物馆的权威取决于体验，比如游客、工作人员、学者、鉴赏家等，他们心甘情愿地顺从，并造就了权威，也同时被那种权威所造就。在伪造他们于一个允许解释的受限制的圈子里观察到的实物之身份方面，他们的主观体验累及博物馆访客。在美化世界上事物的多样性理解时，博物馆提供了一个合法化的框架。

我们不要低估了博物馆的审美功效。我们生活在强调功能的（包括象征的和实证的）、务实的时代。权威不只取决于一张漂亮的脸蛋儿，除非博物馆满足审美趣味，否则它们的不便和维持它们的高昂代价，就可能超出它们的公共服务价值。[7]表象上看，博物馆稳固了价值结构，展示的第一行就是审美——通过建筑、室内空间的安排，博物馆工作人员的衣着和举止，商品的展示和餐厅的选择，最重要的是展品的选择和处理。博物馆物质展示的一致性和它所促成的参照与协议的飞地，在审美上通过首先要易于感知的线索被传送，即便它们是难以被理解的。[8]

艺术品范式与美术馆

虽然审美问题在所有的博物馆里都是明显的，但是大多数人并不将它当作自身的目标来宣扬。它们唤起的无偿的愉悦是为社会和智力目的服务的。只有美术馆因其审美满足功能有时会被突出，这一角色常常在精神或者准宗教的术语当中被神秘化。令人困惑的是，这些位于博物馆图景之上的反常的后来者，本该获得足够的共识，以至于美术馆现已成为标志性的。作为审美体验的标型供应者，美术馆被高高举起，是所有博物馆的象征，正如艺术品已经成为提供审美满足的所有实物的全部类别之代表那样。[9]

在我看来，把所有的博物馆合并成单一的范式是一种被误导的观点，会给它们带来伤害。同化到美术馆模式曲解了审美体验的意义，误读了它的普遍性。每家博物馆实际上都因那种混淆而被迫追求美术馆这种体验式目标，以不恰当的审美价值标准来衡量它自身的成功。此外，该范式的角色分配，也在很大程度上反映在美术馆方面，因为它也不得不以去神圣化的妥协精神改变它自己。[10] 为了理解美术馆如何操演这样的权威，我们需要检查这种循环的过程，某些实物因这一过程被神圣化为“艺术品”，然后通过一种哲学的方式，被允许充当所有审美属性的标准。[11] 博物馆在这一过程中扮演了重要的角色。

哲学家门罗·比尔兹利提议，美术馆对于保存“审美福利”负有社会责任。[12] 他相信审美体验本身是好的，提出它的进步应该是一个公共政策问题。他认为，博物馆在开发个人审美体验能力和审美满足的民主化分配两方面负有责任。因此，作为公共机构，博物馆应该有助于审美资本的增长。

但是不要说社会正义了，大规模审美满足的提升已经很少是任何类型博物馆的基本目标了。审美享受，被视为少数人的特权，通常与权力的排场及其强化紧密相关。社会历史学家纳撒尼尔·波特指出，致力于仅仅作为审美对象的艺术展示，特别是作为快乐的源泉而不是作为历史知识或道德启迪的源泉的博物馆，是相对的新来者。“曾经作为纯粹知识的人种学、人类学、考古学等，皆变成了美学”，他写道。渐渐地，艺术“爬到了它们上面”，想必以一种审美魅力的表象覆盖了更实用的功能。[13]皮埃尔·布尔迪厄详述了这一观点，他认为审美化的美术馆隐瞒了权力和社会地位的结合，在这里，审美眼界的培养发挥了有益和颠覆性的作用。布尔迪厄的论点是，博物馆没有促进普遍的、获取纯粹审美体验的途径，却在结构上纠缠于阶层分离论中，为了维持社会等级而发明了一类体验。因此，美术馆设立了一个实用性目标，取代了激增的审美享受目的。[14]

比尔兹利认为：“当它主要从对形式统一和/或一个复杂整体的区域品质的关注中获取，以及当它的量级是形式统一的程度和/或区域品质的强度的作用时，审美就会得到满足。”[15]他相信，这种满足感显然是由艺术作品提供的，特别是那些在现代美术馆里被赞美的作品，除了那一丝审美的、围绕并保护其内容免受非艺术关联的灵气之外，现代美术馆都是否定的。[16]这种纯净和自觉的唯美主义，假定了一种单一、普遍的对形式、风格和美的反应，标志着博物馆理论的现代主义阶段，忽视了前几个世纪更为杂乱的博物馆实践和当前向着无限制的审美贪婪的趋势。

按照比尔兹利的现代主义假设，审美满足的内在美德恰当地建立在适当的实物之上，是其促进社会发展的充分理由。这种对“审美福利”的形式主义的防御，取决于这样的推测：即清理了地方特异性之后，人类体验是统一的。像许多对民主事业的恳求一样，审美普遍性需要一种乐观的、认同人类本性的普遍信念。它假设,在最理想化、无强迫的条件下,每个人都愿意观看和思考同样的事物。审美愉悦是在一个全面的尺度上,通过普遍人性的潜能而确立的站得住脚的人权。然而,进步的倡导者一直努力在不同类型的愉快体验之间做区分,并非所有的都同样可取。很少有人建议不加选择地寻求不受管理的愉悦,或者对其来源漠不关心。[17] 审美体验的优点是,它的价值是内在的。它本身就是目的,无须参照进一步的影响就可以享受,并可以通过其自身完成。虽然在许多情境下都是可能的,但这样的快乐,在其最纯粹的形式方面,是在自主的艺术品存在的条件下发生的。这些实物,旨在让人免费体验,没有真实世界的污染,因此被评为典范的审美体验之源,收藏和保存它们的博物馆被视为典范的愉悦殿堂。但很少有体验存在于空白当中。我们很难想象愉悦会如此脱离世俗地存在,以至于它们更改不了任何事、任何人,这样无背景的满足肯定是短命的。

约翰·杜威依然是审美体验以及作为其手段之艺术的最杰出信徒,他“基于它走向和走进的领域”来评判体验的价值。[18] 杜威支持的只是那种体验,该体验导致进一步的增长,帮助个人融入一个社会和现实的外部条件的世界。众所周知,虽说杜威是一名误入歧途的追求静态确定性的冤家,但他并没有无意义试验或无目的活动的朋友。作为一个实用主义者,他相信每一份体验都会改造经受它的人,并因此影响这个人和她或他的受众的后续体验。体验本身特别的感染性强化了杜威认为的增长潜力。杜威和他的追随者欣赏通过艺术而增长的潜能,但是它们对于为艺术而艺术的概念,或本身作为目的的体验没什么用处。结论性的著作《作为体验的艺术》认同作为先知者的雪莱对诗歌的辩护，杜威断言："虽然对艺术品可能与实际结合的感知是一种非凡的好处，但这种好处并不会终止于即时、特定的场合。"远非一种被封装在其内部的经历，如杜威理解的那样，艺术品扩大了共同体验中人类关系的范围。[19] 今天审美体验的支持者们关注彻底的主体性，而不是体验的公开宣传，忽略了将其转化为艺术、使审美体验有价值的特有条件。

今天博物馆面临类似的困境。矛盾的是，那些放弃了客观专业知识的人，为了确认体验的多重性，仅仅冒着破坏赋予审美价值意义的主体间网络之风险就摆脱了权威的负担。这种狭隘的唯美主义，局限于个人对艺术品的主观和自我肯定的体验，含蓄地利用了信仰共同体验的历史。[20]

传统上独裁主义的美术馆证实了某些人的判断，自信地将它们的审美感觉在大多数公众跟前刻下印记。这些由品位创制者挑选的实物将"品位"标准化，其方法与体验是一样的，目的就是为了同质的客户，但在扩展到不同的观众和机构时肯定会引起困惑。

美术馆为保存审美品质，在这些机构被设立的19世纪世界当中是确定的，但是其意义却在发明了它的文化之外变得难以理解。不过，美术馆神话是如此具有感染力，以至于一旦在其大墙之内，实物就神秘地获得了艺术品盛气凌人的身份，游客们被迫在他们自己的体验参数之内确认对它的判断。在这种缺乏共鸣的地方，人们把这种缺乏当作个人缺陷。在游客感知一件实物的形状或尺寸的时候，他们期望感受到审美价值，是传统的审美理论给了他们这么想的理由。如果他们没有体验到必须“在那儿”体验到的东西,那么过错必定是他们自己的。他们肯定会受到如失明一般的折磨。

然而,“看见”令事物成为艺术作品的品质,类似于“听懂”一个笑话。理解幽默不是直觉的问题,但是需要熟识准则和一些特定类别的事物,对这类事物的恐惧界定了一个创始群体。就像笑话,艺术作品是拿来分享的,但并不是普遍地分享。美术馆保护艺术作品并向其信众群传播。无论其许可策略如何,它不以相似的方式面对所有人。它不会核准每一份体验,尽管其言论是无偏见的。它那突出民主诉求的声明,是由于搞混了审美体验能力的普遍性和普遍审美体验的能力而引起的。前者是可能的,后者是荒谬的。[21]

否定一种普遍的审美体验并不意味着所有的主观体验都同样有效,或者在它们当中选择就没有依据。选择是兴趣的一项功能,通常包括作为主要或辅助组件的审美。现在作为艺术作品出现在美术馆里的实物,在另一个时间或地点,可能就会被当作其他东西而不是艺术品来展示。与经过授权了的实物不同,一件单体的有形实物,可能是一件文物,一件历史纪念品,一份技术熟练程度的证明,或一件演示科学原理的模型。所有这些,均不受这件实物审美特征的影响。

虽然如此,一些审美承诺仍旧不可避免。每一个形式构造都有一个美学内核,这是其身份的认知基础。这种概念上的“可收集性”条件对于历史或科学(同样都取决于模式构造),如同对于艺术统一一样至关重要。引发审美体验的令人困惑的事物,一个普通的事件,会与艺术作品一起,混合着不同的逻辑类别产生一些张冠李戴的现象。一种结果是大多数没有艺术价值的博物馆对审美的明显忽略。另一种是美术馆过分强调了审美的卓越。

选择性的博物馆审美

在所有类型的博物馆里,博物馆保管人随着艺术爱好者的热情赞赏构建了博物馆的收藏,但大多数艺术爱好者是被不同的审美原则而不是那些构成这美术馆的东西所感动。[22] 所有的博物馆依靠美学的“钩子”使展览一开始就具有吸引力,凭借额外的审美“持有”来保持观众的兴趣。在这方面,博物馆采用了与商业或其他企业同样的策略,其目的在于说服。审美程式化长期以来一直被用于陶醉感知者,通常作为一种教育策略,补充经过调节了的理性争论,或者以直接的感官或感情的力量取代它。审美介质是难以表达或抽象分析的复杂概念的直接传递者。[23] 概念通过重复的行为,通过动觉共振,经由感觉同构和对比、强调,还经由与涉及听觉或视觉的、阐明或象征着概念内容的方案来传达。这些审美手法的影响在智力上是间接的,但很有力,所有文化都用这些审美手法来反复灌输行为的一致性。通过餐桌礼仪、着装规范、节日庆典、悲戚的仪式、俚语表达和其他的行为方式,审美教化难以觉察且持续地发生着——在工作和娱乐当中——在所有时代,且无处不在。如我们所见,博物馆是文化形成系统的一部分,并利用各式各样的审美工具来完成它们的目标。但这种普通的审美实践,既无法让它们有别于其他的文化机构,也无法使它们彼此区分开来;既不是对审美过程的依赖,也不是对美学品质的保护。

一些声称从超然的有利位置展示文化的博物馆，在一种特定的文化里，将某些审美表达风格描述为“典型的”或者“离经叛道的”。[24]当历史和人类学博物馆通过识别一个社会、一个时代或一个社群社区的方式确定一种风格特征时，它们无须声明偏好就做到了这点。例如，我们通过某些直线和曲线特征来认识拜占庭或巴洛克代表作，不管我们是否喜欢它们。这种情况下，审美形式就被错误地理解为目的本身。相反，它被客观化为一种可以解释的元实体，尽管它是抽象的或风格化的，可以被分析、分类，被评为其类型之典范，独立于其特殊的审美价值之外。[25]

审美表述的力量被大多数博物馆很好地理解了，很多博物馆正在用它来重塑那种家长式的庄严形象。巴黎蓬皮杜中心是现代博物馆的一个很好的例子，有着功利主义的外观和杂耍者与喷火人般的不规则边缘，正在努力成为一个无偏见的平等主义形象。其通俗化内容和乡土式建筑，展现在一个伴有人类民主形象的美学平面上。这家博物馆好像要否定祖传的权威，声称要多视角地反映自身，回到多元化的公众面前。它那风格的转换，从庙堂到集市，从对过去的线性描述到一种断裂的、永恒的当下，诠释了一种强健有力的博物馆能量风格，这种风格被无休止的复制和闪亮金属与玻璃表面的反射予以强调。蓬皮杜博物馆以同样的自信宣传其所有的姿态，作为一个令人眼花缭乱的整体摇摆着，猛烈地抛弃了不可侵犯的神秘光环，那种瓦尔特·本雅明称之为艺术作品的东西——而且，详细地说，这也是博物馆保有艺术的缘由啊——他预言到了复制——所带来的损失。[26]

蓬皮杜中心通过审美方式做出了它自我奉献的声明。同样地,通过弗雷德·威尔森的展览“挖掘博物馆”传达的政治课,以审美位移的方法被完全实现了。威尔森从展示其装置的那家博物馆自有收藏里,拿到了所有的展览材料,做了最小限度的修改——仅仅把一幅画上的亮点转移到相反的前景和后景——利用这种反转,将有关地方性社会不公的文化不朽放在前景的位置,并运用类似的审美位移和适用于正式博物馆学策略的倒装,揭示了博物馆的“隐形”同谋。他把抛光的雕像转过来,展示它们那粗糙的、未完成的背部,突出如同丑陋文身一样的登记号码,以揭示实物在成为博物馆财产时如何被商品化。他展示了受损的作品,体现了不负责任和对作品有失尊重的博物馆行为。这些通常不被展示给公众,以保护博物馆选择不展示的东西。有许多东西,博物馆可以讲或不讲——威尔森的讲述取决于他审美选择的和他传授的字面真相的一样多。

我们通常将科学博物馆当作原汁原味的真理分配器,忽略了为了引发它们希望产生的效果而对审美技巧的依赖。与所有的博物馆一样,它们用美学景观来吸引并维持关注,而通常情况下,自然现象的美就可以做到这样,无须额外的修饰。激光秀、范德·格拉夫发电机演示、造浪机和晶体构成,是科技展厅的主要依靠。自然历史博物馆和水族馆,则依靠绚丽羽毛的吸引力与矿石和鳞片的彩虹色光辉。大多数自然美不需要装饰,只需要一些来自博物馆的帮助,以恢复通常不熟练的眼睛和无准备的头脑所看不到的意识。

科学博物馆也准备了其他深思熟虑的审美选项。在展览中,通过艺术家整合作品以说明自然现象，或者使复杂的科学概念更加具体可懂。模型和比喻在观点的调解当中发挥了重要作用。不过，探究的深层次审美到目前为止是科学博物馆最有趣的特性——形成问题和设计答案。在科学研究中，好奇心的智识角色还没有被任何教育机构充分地认可。然而，尽管它避开了标准化的设计，但还是被科学家们很好地用文献证明了，而且几家博物馆正尽力阐明满足公众好奇心的乐趣。[27] 好奇心也存在于博物馆游客的内心和灵魂中，但它必须被小心地激发。它很容易被严格审问的逻辑正确性所遮蔽，或因审美体验之初的琐碎化而挫败。

许多科学家都记得，通过一个愉快的关于天堂或数字秩序的发现，或者通过发现植物、动物或矿物内在的美而开启他们的职业。许多人是在一家最喜爱的自然历史或科学博物馆里收获那一发现的。[28] 在想起最早的说教式博物馆在微观上赞美上帝规划整个物质宇宙的动机时，一些人承认，由于一种对宇宙法则永恒性的准宗教般的庄严感或者敬畏，而被引向了科学。在当今时代，大多数博物馆已经忽略了神学，但它们继续培养对自然秩序和壮丽的审美欣赏，这有助于产生天人合一的感觉。一系列审美设备被用于那一目的。一些近似于哗众取宠的噱头，借用主题公园和科幻小说剧的想法，可以被用于激发想法。美国自然历史博物馆一个非常成功的展览，包括电影《侏罗纪公园》的剪辑，引起了人们对科学的真正兴趣。恐龙的 DNA 会留存在琥珀里吸血的蚊子体内吗？可以被重组吗？这种动物在今天可以生存吗？这部电影是诱饵，但展览是令探究变得生动的钩子。[29]

科学博物馆通过不断进步的新技术再现自然界。从最早的玻璃柜中的"仿生"组合,到当代的"步入"装置,模仿的美学魅力已经非常突出了。现在,许多博物馆意图捕获体验的活泼性及其原因。在现象学上引起回忆的展览,通过主观上"真实的"遭遇来和科学博物馆的游客对话,正如美术馆里艺术作品令参观者参与在审美方面令人回味的体验中那样。游客们想要的不只是了解灰熊的尺寸和栖息地的信息,许多人还想感受其恐怖的外表。一些人还想亲身经历动物研究。他们的好奇促成了导向认知的行为。他们的问题涉及科学的进程。

对于互动性展品,就像那些会激发好奇心的实物,博物馆一般会假定一种普遍的、现象学上的迫切要求,这会用"做"科学的"感觉"来感染游客。在这里,审美满足被假设位于强化了认知结果的知识追求的过程当中。这个过程的特点是集体性的,因为与其说科学工作是个人的探索,不如说是许多思想的汇集,所以其成就是公共的,无论参与性的体验是多么的私人化。事物因为可视化而作为位置标记,也常常作为不透明的思想导体而起作用。[30]展品因此扮演着一种本质上的中介角色,说参观科学博物馆的游客位于"真东西"跟前,这是模糊和具有误导性的。

在某种意义上,所有的科学展品都是概念性的或者"虚拟的"。它们是为了引领博物馆访客神游到外面的世界。体验既在博物馆里,又在游客的头脑之中,而且还在自然的现象世界里,那是现象学体验通常发生的地方。人真的会看到幻觉和某种意义上"不真实的"后像,就像人真的能够感受到电击或听到多普勒效应的变音。博物馆里引发这些体验的事物确实存在，但是它们所引发的体验却不是这些。与美术馆里作为范例的艺术作品不同，它们将观众的注意力引向自身。科学博物馆的展品，只有在它们不再具体地展现给观众时才“起作用”。不管它们可能会顺便提供什么样的审美快乐，这些展品都不是“具有美学趣味的物品”，不是那种适用于艺术品的表述。不过，审美愉悦终究是与它们成功邂逅的重要组成部分。

如果科学博物馆和它们的展品被视为所有博物馆的审美范式，将会怎么样呢？如果发生在科学博物馆里自我超越的公共事件，在美学上是规范的，那么反过来，独立的艺术作品，一件实物，或者说它承诺的私人的、主观的体验，将会怎么样呢？如果“搞科学”的审美愉悦是一种模式，那么什么样的鉴赏课程可能会从科学博物馆流向美术馆或者所有其他的博物馆？

行动与思考的美学

“是什么令一些分子变得漂亮？”罗尔德·霍夫曼问道，他又继续回答了他自己的问题：有许多因素，比如复杂的几何形状，它们那意想不到的复杂的效果，因其新颖而令人吃惊并引起新思维的能力。“分子可以说是美丽的，因为它们经历的奇妙的量子化动作，确实是一段结束在音色、和声和泛音里的音乐，这是我们的测量仪器听到的。它们听到的音乐是心灵的音乐。化学家的愉悦在情绪上被感受到——分子是可爱的——它所引起的满足，与看见关系、知晓精华、因风而高扬的满足相类似”。[31] 虽然它们的崇高目标是认知的，但是科学博物馆渴望让人们听到“心灵音乐”之美。[32]

和艺术家一样，科学家们也有风格偏好。他们的工作在审美方面是可以区分的，并且会引发不同的审美反应。[33] 与艺术类似，科学不终止于一段单一的体验，其开始也不是一段单一的体验。一些科学博物馆将审美享受同相关展品的认知刺激连接在一起，引导游客运用自我推进的逻辑从一件走向另一件。其他博物馆设法运用做研究的美学来吸引游客。波士顿水族馆策划了迷人的医疗设施展。游客们可以观察正在接受治疗的动物，还通过交互式计算机程序，帮助工作人员研究生物体。与这些展品互动相当有趣，且有教育意义。我们从幼年就熟悉“彻底弄懂”的审美满足，科学博物馆在提醒游客，这样的快乐（比如系鞋带）与快乐地专注于科学研究之间的联系。

我们有充分的理由相信，一种关于区别、选择、反应和吸收的美学引导着艺术创作，就像它引导科学，并至少提供一些美术和科学博物馆的愉悦一样。科学同艺术之间严格的学科分隔，在学校里相遇并得到流行的神话学的肯定，掩盖了它们的一致性，也任意地分离了博物馆的几种类型。作为审美体验的原型来源，美术馆的作品范例及其为观众带来的喜悦，促使所有其他的博物馆仅仅通过与美术馆的例子做对比来衡量它们自己的审美潜力。但是，其他博物馆都有自己的审美价值和它们自己实现审美愉悦的方式，不该迷失在美术馆里。

审美价值的价值

体验艺术造就不了艺术,但它会影响人们在世界上的行为方式,还可能会使他们当中的一些人成为艺术家。在艺术使一个人的情感和意识富有生气的情况下,它使这个世界更加有趣,鼓舞专业的研究者或普通人。正如艺术创作不单单是为了艺术世界那样,科学也是如此,而历史学科寻求不排斥那些学科的操作模式。审美价值及其多样的表现模式构成了学科之间的一座桥梁。同样地,体验科学造就不了科学,但欣赏科学美学可能生成艺术课程;美术馆可能因将科学的审美价值带至内心而有所收获。

波士顿儿童博物馆前馆长迈克尔·斯波克,描述了一个科学教学项目,讨论了博物馆设计用来教授分类的工具包。工作人员在确定了使用真正的鸟类标本和工具包里的鸟类行为薄膜环后,开始问他们自己希望可能发生在学生身上的问题:

> 我们真的关心孩子们是否可以说出这只鸟儿的名字吗?他善于观察这只鸟儿的细节吗?他能够解释有关鸟儿适应性的事情吗?他能够描述鸟儿的行为吗?他能够精确地画出一只鸟儿吗?(在大学生物学专业,学生必须画出东西用以观察,问题不在于学生是否是个伟大的艺术家,而在于他是否是一个好的观察家。)他擅长发现关于鸟类的信息源吗?……他会选择自愿阅读有关鸟类的书籍吗?他会选择去远足观鸟吗?他决定养一只宠物鸟儿吗?

他做鸟类记录吗？

如果一只鸟儿落在他的肩头，或者如果把它放在他的手上，他会舒服吗？当他们穷其一生做鸟类学家时，他理解这些鸟类学家的所为吗？他能够理解鸟类学期刊中的信息吗？他会准备一套研究皮肤（用于保存数据但不必使标本看起来栩栩如生）吗？他会准备一座逼真的山吗？他已经成为一名鸟类学家了吗？他已经成为耶鲁皮博迪博物馆的鸟类学展览的策展人了吗？[34]

注意，这些问题很快就会将孩子们的认知反应交给背后的工具包，更广泛地专注于他在这个世界上所做的事情。我们已经看到的科学展品，引领我们从博物馆出来并进入这个世界。其中最有效的展品有着确定的透明度，引领博物馆游客通过并超越它们，分离出可能适用于其他地方的东西。斯波克引用了一句他最喜爱的话来表述科学展品的目标：“玩泥巴做不了锅，但玩泥巴造就了陶工。”[35] 我们现在能够认识到，将一个人引向科学的愉悦，可能与将一个人引向艺术的愉悦有关联了吗？从这两个例子中体验到的价值都是审美的。

审美动机问题“为什么人们自发地做他们不必要做的事情？”激起了心理学家契克森米哈赖的科学兴趣。他给“内在动机”贴上了非功利的、自我奖赏的、注入一个主题的能量投入标签，这使一个人在缺乏外部奖赏甚至在有压力的处境下尽职尽责。[36] 契克森米哈赖好奇为什么如此多的科学家似乎并未因困难或沉闷而苦恼，并且坚持他们那与金钱、声望、地位或任何其他的补偿希望无关的工作——表面上具有一样的、并非随之而来的兴奋，这种兴奋引领人们去作曲、攀岩、跳舞、下棋或者画画。审美满足似乎克服了所有的障碍。

各种各样的博物馆有兴趣利用这种人类所有的、被契克森米哈赖称作“心流体验”的能力。甚至在博物馆公开声称的使命是教育的或社会的那种地方，这种无动机的动机似乎也是适当的，因为人们一般是自愿来博物馆的，带着令他们自己享受的期望，而当博物馆达不到他们这种期望的时候，他们就会失望。科学博物馆像美术馆一样，渴望为人们提供最佳的自我奖赏的体验。契克森米哈赖暗示道，不同类型的博物馆所面临的挑战，可能不像我们所料想的那么专业。此外，契克森米哈赖注意到，作为体验的一个特征，专注是如此强烈，以至于人们失去了时间意识，也失去了他们的自我感。[37]当他们想起时间或者回到自我意识时，这个魔咒就被打破了。

被描述为“理想体验条件”的这些特征，当然不是任何人在审美享受中所经历的全部，无论这特定的事件是欣赏还是创作艺术、攀岩，或是科学探究。契克森米哈赖的观点是，这样的体验确会发生，而且不是那么罕见，以至于我们无法得知，它们甚至就是日常生活的平凡事件。审美满足通常被科学的实用主义和艺术的神秘主义所覆盖，所以两者共有的自发享受与寻常愉悦的瓜葛一起被隐藏了。博物馆致力于提供这样的愉悦，但是，由于博物馆的历史意味和维持它们的沉重负担，即使是它们那最核心的拥护者，也往往淡化了美术馆之外的其他所有博物馆所提供的审美满足，给这些博物馆套上更加千篇一律的追求的桎梏。

只有美术馆，一贯被认为是自然而纯粹的满足的生产者，这一成就成为其他博物馆效仿的基准。博物馆本身必须为那整体标准的恒久承担一些责任,但是鉴于新的趋势,它们应该对它再评价。其中最重要的是从博物馆的实物中心论向体验性基础论的转型,它必须包括但不局限于审美体验。如果审美福利的价值依然是如同比尔兹利所描述的一种善行以及对理想的公共策略的推动,那么所有的博物馆肯定会有东西提供给公众。提供审美体验是所有的博物馆,不只是美术馆,都可以做到的一种公共服务。在“心流体验”的条件下,没有人拥有垄断权。所有的博物馆都可以通过帮助人们更加雅致地体验世界而扩大世界上可利用的审美资源。而且博物馆可以彼此学习如何最好地再投入和增加独特展品。教人们雅致地体验世界,并不足以使这个世界变得更好,但这是博物馆承担其任务的一个必要条件。

9 结语：转型期的博物馆

和大多数当代机构一样，博物馆也从权威的天堂落下，栖居在充满怀疑的平原上。这场变革本可能激发爱冒险的个性和对新奇的探索；可是在多数情况下，怀疑却导致了谨慎的自我审查和胆怯的低调陈述。越赞美多样性，博物馆就会变得与同行和其他公共机构越相似；越是强调它们在专业上的地位，它们的实践就越标准化。创建了19世纪伟大传统博物馆的、古怪的业余爱好者们，不会问自己这样的问题：我们为什么存在？我们的游客和支持者们是怎么看待价值的？作为教育机构，我们的优势是什么？或者，我们要为我们的社区提供些什么？[1]他们对自己的判断能力始终充满信心，而他们的判断也似乎一直是不言而喻的。我们可能认为他们对权利和公开说教的自信是傲慢和过分的——还时常是错误的。毫无疑问,这有些居高临下,但是在许多情况下,它还会被加上一种同样强烈的道德目的和公民责任感。

多视角主义扩散着责任负担,曾阻碍了文化保护。尽管它再分配的目的是公益性的,但是实现多元化的努力具有拉平效应,这会减少个体的责任。[2] 最明显的就是馆长角色官僚主义的削弱。馆长们传统的权威被否定了,全无独立的业余爱好者充满激情的鉴赏力,现在他们必须是客户导向团队的参与者,把展览团队当作"资源人"。馆长职位的候选人仍被期望能够具备学术研究和培植赞助人与博物馆支持者的能力。除此之外,他们还必须为普通公众撰文和演说,与教师们合作,以及在展览评估者、公共支持者、市场专家和"项目经理"(他们的技巧可能会或可能不会包括学科专业知识)更加务实的目标下,来协调他们的多学科判断。[3]

当今,在博物馆专业人士当中有一个流行的隐喻:巨大、多彩的皮球在众多独立玩家的击打之下,保持飘浮不落。每个玩家都从一个宣称为独特的视角来击打这个皮球,但是每个人的视野都被这个巨大的皮球所妨碍,因此没有人能够清楚地领会其他玩家的视角。每个人都小心地不去藐视或者贬损其他玩家的意见,理所当然地假定他们的看法与自己的一样有效。沙滩球的说教表明,让皮球飘着就是每个玩家行动的唯一、充分的目的。没有人怀疑这个目的的好处,也不要求审查玩家们个人和集体的目标,或者它们的相互兼容性。然而,维持博物馆飘浮不落,并非娱乐消遣。

博物馆是几个世纪以来人们热切渴望的产物,它们不该被压榨到只能依靠自我才能维持生存的地步。对支持它们的人来说，博物馆依然代表着一种个人的、近似于神圣呼唤的承诺。而且，尽管它们的血统从精英圈到更为繁密的公共领域，只有微薄预算和少量员工的单一主题博物馆，仍然需要其忠实的说客和专家追随者才能得以维持。20 世纪 60 年代末，博物馆被赋予一种决定性的民粹主义导向。许多博物馆有效地变成了社区活动中心，在没有那种适用于正式教育组织的税收优惠的情形下，以非正式的方式提供创新性教育。[4]

从那以后，博物馆将自己改造成为这样的机构：它们最重要的功能是被定义为教育的“公共服务”。在以前，它们以专业的研究兴趣迎合收藏家和学者，主要通过不定期地施与教诲来应对公众；而现在，它们将自己放在了有争议的文化互动中心，并欢迎民主的辩论。博物馆展开它们自己的历史以求评论，邀请游客（甚至非游客）来验证它们的存在，呼吁“利益相关者”——董事会、员工、志愿者和社团——通过商谈的协议和受监管的对话，来塑造博物馆自身的愿景和展示策略。[5]

“成长”“改变”“发展”，尤其是“体验”，都是通用的词汇，已经取代了过去策展人和馆长们所持有的实质性愿景，时而会使他们进入激烈的权力、继承权和意识形态的斗争当中。满足公众转化为项目和展览，而且随着那一重点的出现，其他优先级的相对贬值均以具体的方式显示出来。现在，与体验产品的模糊感有关的进程，决定着人员决策和财务分配。博物馆的方方面面都受到影响：架构、技术投资、收购政策、存储设施、保存和储藏规定以及管理和治理。甚至以前描述博物馆活动的“绅士式”词汇，也已经让位于轻快的组织和企业式语言。20 世纪末，博物馆已完全摆脱了其在19世纪作为私人乐趣的角色,成为托尼·本内特所说的休闲产业“集体欢呼”的组成部分,[6]属于井然有序的公共领域。

妥协与共识曾经鼓舞了公共领域的理想,但它们已经被充满了矛盾的市场模式所取代。今天的市场源于压制了差异的普遍理性方面的一种古老信仰,它利用差异,使理性变得琐碎。个体聚集在公共领域,象征性地通过任何可能的手段“一决高下”。博物馆进入作为多种体验场所的领域,标志着它们与公众的新伙伴关系,但这并不代表一种连贯的身份。在差异显露出来时,我们无法指望有一种两全其美的路径能够融合它们,但不同系统当中感知的确切本身并不是终极的真理。在认真对待的时候,多元主义要求认定“相同”和“不同”的绝对意义,因为这两个词汇的意义取决于一种传统的逻辑系统,这一系统没有精确地投射在替代品上,也可能找不到与其他逻辑的共同点。

一些博物馆勇敢地尝试了同步的独立逻辑展览,希望启发游客去了解多样性解释的奥秘。1994年,波士顿美术馆布设了一个实验性的展览“标签秀”,展示了滥用解释性标签的情形,意图证明理解艺术品的各种方式都是可能的,语言会对感知作品的方式造成影响。按照常见类别和不寻常类别的混搭来对艺术品进行分组,想要激发游客去探寻选择该组艺术品的原因。这个展览既迷人又乏味,给观众带来了劳损脖颈的阅读负担,没几个人愿意忍受自己的认知困难,或者享受它那美学上的失调。以可见或明确的术语来呈现逻辑系统的语法失配是很难的。简化了的努力无意中暗示了被用作语义占位符的几件任选藏品平行的易读性——以及它们作为可轻易融入任何系统的单元的可译性。但是,藏品的逻辑，尤其是在它们之前的意义和产品的逻辑，可能根本无法重叠。[7] 这种说教类型的展览，尽管立意高尚，也可能因此弄巧成拙，倒行逆施地像它们打算呈现的实践一样的精英化。此外，它们的信息可能依然会使人产生误解。

不和与对话

妥协精神可能会有其他令人沮丧的后果，它在暗地里破坏了博物馆目标的明确性。我们在史密森学会 1995 年的“艾诺拉·盖伊”展上，已经看到了摆在退伍军人团体和历史学家之间历史与记忆的不协调。博物馆仅仅展出了一件传统的 B-29 机身而草草地解决了争端，在争辩各方之间找到一个共同点的尝试没有成功。展览中被改造后的机身用以装载非常规的货物，而这偏离了他们最初的脚本，展览原本的关注点是为终结太平洋战争而使用原子弹。展览制作者中途转向了自我观察的逻辑，他们费劲地恢复了 B-29 机身。

大幅度简化了的“艾诺拉·盖伊”展并不是对“相同”现象多种解释的一种平静和解。关于展出的具体展品，或者这个展览是“关于”什么的，一直没有达成协议。对美国的二战退伍老兵们而言，这是一件具有纪念性的礼物吗？这是现代史上一个转折点的抽象记忆吗？这是对日作战中使用过的非凡军事装备和策略的证据吗？或者，这是打通它们进入博物馆收藏通道的材料收集的一份技术例证吗？[8] 所有这些和其他的说明，都可能是合法的展览材料，而且每一份都将记录它有分别地使用过的物品,每一份都将按照它自己的逻辑来转变文物的意义。不了解竞争逻辑之间争论的那些国家航空航天博物馆的游客们,肯定想知道一件机身的恢复为什么会引起如此针锋相对的讨论。这起事件令人遗憾的结论是,从所有系统的记事中有效地移除了"艾诺拉·盖伊"展,将一件孤儿般的飞机部件置于亮处,暧昧而又含糊不清地赞美它作为真品的历史性,却又掩盖其特殊的历史性。[9]

博物馆有权清晰地描述一个特定的观点,同时又毫不含糊地承认它的不可靠。明确指明一个突出的兴趣和一条具体的故事线,不会挫败其他立场不一致的表述,而且实证研究表明,这也不会阻止游客把他们自己的意图归因于展览。一个据称是无党派的、百科全书式的方法是,通过覆盖所有方面以求和谐,更有可能达到的效果是模糊不清而非面面俱到的。当展览是如此和谐,以至于每一种可能的观点都被平等地描述,那么结果可能会使人没有观点。[10]

博物馆因其独特性必定要面对特殊的障碍。默默无闻、受限制的呼吁、古怪或唐突的指责、有限的资金,这些只是障碍当中最小的部分。[11]可能是由于没有普遍无异议的连接机制或通用的表述,化解僵局的任何方案,都需要做出实际的选择,而这就会排除其他可能的选择,且可能妨碍某些人。有时为了切实地访问藏品,它们的完整性就必须做出牺牲;而持久的访问有时出于尊重传统的团体价值观会被拒绝。各种各样的决定,包括藏品是否该被展出,必须由每个博物馆按照其需求及其所选逻辑的规定在个案的基础上做出决定。这些决定肯定不会以迷惑公众或使人们对这个世界的暴戾麻木不仁的方式来做出。协议并不总是最好的政策，全体一致有可能只在重要的事物并不利害攸关的地方才会被取得。

博物馆体验

不管它可能是什么，"博物馆体验"都有一个诱人的光环。不过引诱者通常都是不能兑现承诺的骗子。博物馆体验似乎能把人们聚拢在一起，因为这种体验显然是每个人都可以得到的。但是，相同的体验被传播给所有人是值得怀疑的，均质化的努力消除了使实际体验有趣的层次。出于对缺乏共同点的恐惧，一些博物馆专业人士在他们的游客当中过度地补偿他们的差异，渴望达到体验上的平行度或"预设的和谐"。每个人必须完全一致地咏唱，甚至大幅度地简化曲调。展览设计师们承认缺乏客观可靠的外部参照物，试图在触发设备的帮助下可预见地启动游客的体验。[12] 虽然不信任传统文化的意义，但是展览制作者们相信，游客们具有在经验上被证实了的心理暗示。他们得出结论：人们把他们领会到的东西融入一个"在参观博物馆前后，由游客生命里的事件所决定的个人意义和性格的心理范畴"矩阵当中。[13]

博物馆体验的这种表述，清除了客观的参照，想要突出游客个人创造性的解释自由，但实际上，它强调了博物馆设计者可操控的干预。它淡化了个体化和长期存在的对仪式和物质性事物的社会珍视，掩盖了集体的过往经历，而正是这些赋予了那些仪式和物质性事物特殊的社会地位。把个人选择置于物质决定论之上的主张，玷污了物质本性的内在价值，错误地把累积事物等同于拜物教或贪婪——纯粹的拥有冲动。但是，人们对于没有所有权的个人投资事物所表达的兴趣，证明了一种非病态的、带有构成人类精神的物质本性的渗透。“我们是谁”是我们所关心的。此外，我们对其他人的理解是给予对他们重要的事物以尊重。通常我们不能感同于他们的关切，但是在博物馆的帮助下，我们至少可以一睹唤起关切的实物。最后，我们的理解可能从事物扩展到与人的关系，以及事物的结合物所代表的社会附属物。

我怀疑，以牺牲使其成为可能的实物为代价来赞美“博物馆体验”，最终在经济上是不会盈利的。体验变得陈旧。它们的寿命短暂，而使它们焕新的成本巨大。此外，它们的综合体降低了哪怕是巧妙的博物馆体验的意义。多样性会在不受约束的情况下勃发，而不会在错位的推动中成长。兰德尔·肯尼迪宣称“让一千朵机构的鲜花盛开吧”！这是为了保护他相信是可憎地排外的私立大学而写下的。[14]同样的推论适用于专门的、非传统的少数民族博物馆，它们正努力在经济不平等和均质化压力下求生。传统博物馆宣称的目的是教导辨别力和洞察力；发展一种文化意义上关于知识、道德和审美价值的特殊感觉，以及通过那一途径达到自省和自知。当代博物馆可能做得比采用这一目标更糟糕，别忘了无法自省的辨别力和洞察力恰恰是与偏见和排他有关系的。因此，当代博物馆所面临的挑战，并不是封闭它们自己以免遭多样性影响，也不是大一统和审查它，而是以道德广度、认知意义和审美愉悦赋予其复杂性。

今天的博物馆填充了这个世界上一个不同的精神（如果不是物质的话）空间，这是从它们创建之时就占据了的。那些用漂亮且使人开心的事物构建成为娱乐共同体的东西，已经变成了繁忙的休闲与交际互动中心。那些起初意在向公众灌输自豪感的机构，现在在宣传它们的普世主义。随着那些建筑及其内容更多的东西发生了更多的改变，博物馆用户的内心和思想也已经被改变。

现在，与过去一样，博物馆提供安慰以减轻生活里无休止的打击。博物馆依然是革新之所在，在这里，通过清除日常生活中吸收的东西，游客们还能够找到刺激或者休息、放松。清除可能采取诱导冥想的形式、通过艺术或知识，或者认同一种异国情调的过去来做一场近乎神秘的自我超越。博物馆常常被建在花园周边或者毗邻公园的地方，这并非巧合，在那儿，游客们无论是痴迷于其物质的丰沛还是屈服于一份准宗教的静谧，都可以把他们沉思的心境扩展到大自然。博物馆大致以那样的方式，满足了一种让自己“走出去”的需求，人们早就以那样的方式在抽象的研究、无私的内省或任何与实际成果分离的探究中找到了抚慰。即使是展览日常生活琐事的博物馆，也能让我们从自己即时环境的琐事中抽离出来，创立一种非自我中心的唯美主义，既非物欲横流，也不是相反。

哲学家汉娜·阿伦特指出，做一个完整的人必须占用公共领域。她说，在古代城邦，只有野兽和奴隶（和女人）是生活必需品之永恒的关注点。只有公共存在才使区分自我的意识成为可能，使与其伙伴共建社区成为可能。[15] 博物馆是这样的机构，它让人们进入公共领域，在那里，他们可以自由地做自己，可以与众不同。这个摆脱贫穷自我的机会，现在作为一种有益的“他者化”，被以有点标准化的形式呈现给公众，不单单是从自我，而且还从“他人”。自我超越被平淡无奇地描述为自我界定，在一个有许多选项的世界里维持着平衡。它把个体放在事物的反向定位和赋予身份的分类群当中。在有意义的空间里,真实的人发现他们自己位于真实的事物之中。博物馆帮助分配和保留那些意义。传统上,博物馆通过事物的中介已经做到了这一点,把醒目的体现风格与公共记忆连接在一起。再没有其他的机构以如此巨大、有序的规模做过这个。最后,我们必须考虑这种做法的优点,以及博物馆放弃支持目前流行的仿真模式是否就预示着它的终结。

品位和挽救博物馆

当实物的客观性冰消瓦解,自我回归个人的小天地,其他人的分离仅仅是人们自我意识的偶然投射时,博物馆剩下了什么?我们该关心什么是应被记得或者珍惜的事物吗?“让沙滩球飘着吧”这样的惰性语言意味着随机的运动,并且会对任何的潮流趋势做出反应。“击打在继续”。我认为,博物馆不单单是由当下的冲动与偶然的境遇组成的,它们保留了一种真实的气氛,一种重新收集、而这是反对重建的体验或“虚拟”现实那更为壮观的效果的。那些造出来的效果——就其宣称的所有超现实而言——由已知和先验的事实所决定。不过,博物馆有潜力揭示迄今为止未知的事实,唤起新的想法。它们有能力将思想包裹在实质上比传递体验更浓厚的事实当中。

重要的是,博物馆能够有勇气清醒地定义它们自己的目标,把它们交给诚意的批评,而且在与其他机构的目标不可调和之处,允诺坦诚而又独立地追求它们的目标。博物馆需要一个令人难忘的身份。今天那些飞客们，经常会把他们在旧金山看到的展览同在米兰或者新加坡看到的弄混淆。这不仅是因为重要的展览被打包从一站转到另一站，还因为即便是永久的装置也被设计为准则，彼此已经变得难以区分。当然，这对博物馆相互学习“有”“无”、解决普遍的问题、实现共同的目标是有价值的，但并不意味着每一家博物馆都应该复制“成功的”方案。如果每家博物馆都由自己的使命和资源所引领，那么去博物馆将会像在去山间或海滨度假之间做选择。那样的话，一个人会相应地为一个或者另一个站点做准备。因此，博物馆访客会由于他们的选择而与博物馆分担一些责任，因为他们的关注行为而自愿与博物馆合作。[16]

当然，博物馆“课程”不应该太过认真。博物馆与学校相比更像是游乐园，它们不该成为官方教育机构的附属物。尽管为学生（教师）服务是它们教学功能的一项重要元素，但它们提供给独立和偶然的游客的服务同样重要。正是课程的缺乏才使自主学习和自发的体验成为可能。博物馆是为数不多的、仅存的绿洲，在这里，多样化的、自选的“流体验”乐趣，仍然可以享受到。[17]

我不提倡扰乱或放弃宣称的价值，恰恰相反，我鼓励博物馆重申它们的物质特性，承担各种接待的责任。在前景上有差异存在的地方，为理解之便，它们应该被阐明，既不轻视也不要使其浪漫化。差异是真实的；尽管有时它们很难接受，但也不该为了虚假的和谐而遮掩。与法律和司法机构不同，博物馆有不作为的奢侈。博物馆的工作是令事物可接近，没有下命令的义务，或在不相容的物品之间做选择，但是它们可以说明选择是如何做出来的。它们没有被迫从虚构里筛选真相(除非与它们研究主张的准确性有关),但是它们允许故事的多种表达方式。它们不在封锁言论上下功夫,而是致力于保持公开,并且做好了无限期地收集和重释证据的准备。正如它们的许多使命声明里所宣称的,博物馆是调查和探索的地方,不会颁发学历或毕业证书。博物馆提供的奖赏是喜悦和好奇心的满足。即使没有进一步的满足,那种觉醒就是自我酬报。但如果它们热衷于安全的唤醒,博物馆成了千篇一律的体验的引擎,那将是一场悲剧。在这个世界上,没有几个场所会对我们之间的差异不加抑制。博物馆有能力光辉灿烂地活着。

注释

序言

1. 从莱布尼茨到蒯因、希拉里·普特南和大卫·刘易斯，哲学家们对“可能的世界”进行过长期的探索。纳尔逊·古德曼在他的著作《构造世界的多种方式》中特别提到了一种适用于博物馆的方法。

2. 1998 年 4 月，在波士顿美术馆举行的一个会议，结合维多利亚和阿尔伯特博物馆的展品，将博物馆从业者、文化理论家和文化机构聚集在一起。参见：Malcolm Baker and Brenda Richardson, eds., *A Grand Design: The Art of the Victoria and Albert Museum* (New York: Harry N. Abrams, with the Baltimore Museum of Art, 1997)。

3. 参阅我的文章：“Institutional Blessing: The Museum as Canon-Maker,” in *The Monist: An International Journal of General Philosophical Inquiry* 76, no. 4 (October 1993): 556-573。

4. 教育并非博物馆的唯一功能，但它是最主要的功能。教育理论家们一致认为，学习主要是体验性的，这是参观者走进博物馆所能得到的体验之一。参见：Zahava D. Doering, "Strangers, Guests or Clients? Visitor Experiences in Museums"。

1 导言：从实物到体验

1. 对文化财产合法性的质疑不仅局限于它的真实性。最近的案例频频涉及盗版、非法转移或掠夺文化财产及其他违反国际法的行为，其中，涉案物件的真实性往往是毋庸置疑的。在这些案例中，通常包括要求出售或归还争议物件的诉求。书中所举案例展现了博物馆普遍采取的一种做法。

2. 据估计，全世界目前有约 25 000 家经认证的博物馆，其中美国就有超过 8 000 家。参见：Susan M. Pearce, *Museums, Objects, and Collections: A Cultural Study* (Washington, D.C.: Smithsonian Institution Press, 1992)。

3. 本项于 1974 年 6 月 4 日在哥本哈根通过，转引自：Stephen E. Weil, *A Cabinet of Curiosities: Inquiries into Museums and Their Prospects* (Washington, D.C.: Smithsonian Institution Press, 1995)。

4. 这一定义与美国博物馆联盟所采用的定义相似，参见：*Museum Accreditation: Professional Standards* (Washington, D.C.: 1973)。

5. S. Dillon Ripley, "Museums and Education," *Curator* II (March 1968):183-189. 有许多并非描写博物馆的书籍，其书名都含有"博物馆"一词，如唐纳德・霍尔的诗集《清晰思想博物馆》、约翰・厄普代克的短篇小说《博物馆与女人》(另可参考让・鲍德里亚的《物体系》)、艾伦・汉德勒・斯皮茨的《观念博物馆》、莉迪娅・戈尔的《音乐作品的想象博物馆》等。

6. 泰坦尼克号失事地点最终发现于公开水域，一家美国公司进行了探索打捞，并将遗物于英国、美国公开展出。博物馆界对此反应强烈，因为这意味着遗物在经考古研究前，就被分散和出售。一位来自国际海事博物馆的工作人员写道："如果现在还没有记录和整理这些数据的话，这些信息很可能就永远丢失了。"参见：Kevin J. Fewster and John R. Valliant, "Titanic: Delving beneath the Surface," *Museum News* 76, no.3 (May-June 1997): 29-31, 以及 "Titanic: An In-Depth Look," *Museum News* 76, no. 2 (March-April 1997)。

7. 博物馆对于非营利性或非商业性身份的规范，意味着博物馆不是为了私利而从事买卖。贫穷本身不是一个必要条件，而且鉴于有些博物馆的藏品价值连城，称其“贫穷”听起来颇为荒谬。关键问题是，博物馆与文物之间存在事实上的信托关系。博物馆并不具有文物的所有权，只是作为公众的代理人受托拥有它们。

8. 本书关注到以下问题：博物馆变得越来越以体验为导向，体验在收藏方面的地位愈发重要。这点在儿童博物馆、科学中心等场馆尤为明显。尽管它们可能拥有一些典型的、极具价值的藏品，但通常情况下，这些场馆并不以大型展品组合为特色。仿真现象对博物馆积累有形物品的基本功能提出了质疑。

9. Joseph Veach Noble, “Museum Marufesto,” *Museum News* 48, no. 8 (April 1970):16.

10. Veach Noble, “Museum Marufesto.”

11. 据一位科学研究院的院长介绍（该研究院位于城市的中心地段），在以重现史前生物生态活动为特色的“动态仿真生物展”展出期间，游客数量增长了四倍。

12. 这个项目受到了保罗·盖蒂保护研究院的资助。

13. P. T. 巴纳姆是其中的佼佼者。他在1850年与合伙人摩西·金博尔购买了皮尔家族博物馆的建筑和收藏，激发了这家博物馆的娱乐精神。参见：Neil Harris, *Humbug: The Art of P. T. Barnum* (Chicago: University of Chicago Press, 1973), Gary Kulik, “Designing the Past: History-Museum Exhibitions from Peale to the Present,” in *History Museums in the United States: A Critical Assessment*, ed. Warren Leon and Roy Rosenzweig (Urbana: University of Illinois Press, 1989)。

14. 模糊的立场导致了混乱和争议。柯克兰美术馆于1989年取消了罗伯特·梅普尔索普作品展，辛辛那提现代艺术中心在1990年也遇到了类似问题。斯蒂芬·韦尔认为，相比于间接形式的补贴（如慈善捐赠），直接的政府补贴在税收上更容易受到影响，因此慈善捐赠是艺术场馆获得收入的重要来源。参见：Weil, *Beauty and the Beasts: On Museums, Art, the Law, and the Market* (Washington, D.C.:Smithsonian Institution Press, 1983)。

15. 约翰·杜威在《艺术即经验》中指出，艺术作品关乎主观体验，可以由艺术家为此目的而制作的手工艺品所引起。艺术品只有在被主观体验时才有价值。由于各人在欣赏艺术品时的知识背景各有不同，其反应也会存在差异，因此没有绝对客观的、独特的艺术品，只有真实的体验。目前博物馆已关注这一点，尤为重视观众的体验。

16. 为了避免冒犯到相关文化群体或个人，许多公开展览甄选展品，排除了部分展品。

17. Walter Benjamin, “The Work of Art in the Age of Mechanical Reproduction,” in *Illuminations*, ed. Hannah Arendt, trans. Harry Zohn (New York: Harcourt, Brace and World, 1968; reprint, New York: Schocken Books, 1986), 221.

18. 这些原始物品被储存在具备控制系统的库房里，但即便如此，这种保护仍显得十分有限，仅涉及防洪、防鼠患及防盗等基本功能。

19. 有些博物馆满怀希望地展开与软件开发商的合作会谈，但这些图片能否引领观众看到“真品”仍有待考察。参见：Jonathan Adlai Franklin, “Image Control,” *Museum News* 72, no.5 (September-October 1993): 39, 53-56。

20. Nelson Goodman, *Languages of Art* (Indianapolis, Ind.: Hackett, 1976).

21. 这些哲学、美学的问题源于 18 世纪现代美学创始人鲍姆嘉通的感知理论，相关的探索者有纳尔逊·古德曼、约瑟夫·马戈利斯、阿瑟·丹托等人。

22. 艺术史上的一些学术流派关注艺术品的社会背景特征。与独立获得的知识相比，它们更少依靠对作品的直接美学体验。他们通过对模拟物和辅助文献的研究，就可以获得这些特征，而无需借助实际的现象。

23. 鲍德里亚认为，仿真是对真实的替代，它迟早会取代真实的位置。当仿真获得了自身的历史并创造了自己的真实时，最初的真实就可能被完全遗忘。参见：Baudrillard, “The Precession of Simulacra,” *Simulacra and Simulation* (Ann Arbor: University of Michigan Press, 1981), 6。

24. 马歇尔·麦克卢汉提出了著名的“媒介即信息”，并由此声名大噪。当时人们很少注意到这个来自加拿大的学者想要解决的潜在的形而上问题。换句话说，就是媒介实际上是在消除信息。参见：McLuhan, *Understanding Media: The Extensions of Man* (New York: Signet Books, 1964)。

25. “聚集在西 53 街的‘部落’物品一直存在。它们是旅行者——一部分来自欧洲的民俗和民族博物馆，一部分来自艺术画廊或私人收藏。它们先是旅行到现代艺术博物馆，再被精心地装在柳条筐里，投以巨额保险。以前的保存条件也没那么奢华：一些是偷来的，一些是被殖民地长官、旅行者、人类学家、传教士、非洲港口的水手们廉价‘买’来的。这些非西方的物品已经变成了古董、民族志标本和重要的艺术品。1900 年之后，它们开始在欧洲的跳蚤市场上出现，后来又在前卫的工作室和收藏家的公寓间流动。其中一些来到冰冷的地下室或者人类学博物馆的'实验室'，周围是同一地区制造的物品。另一些则遇到了奇怪的'驴友'，在陌生的陈列柜里被照亮，贴上了标签。现在，在西 53 街上，它们和欧洲大师们的作品混在一起——如毕加索、贾科梅蒂、布朗库西等。一个立体的爱斯基摩人面具，挂在胡安·米罗的雕塑作品旁——纽约人看这两样东西，觉得它们是一样的。"参见：James Clifford, *The Predicament of Culture* (Cambridge, Mass.: Harvard University Press, 1988), 189-190；Eugenio Donato, "The Museum's Furnace: Notes Toward a Contextual Reading of Bouvard and Pecuchet" in *Textual Strategies: Perspectives in Post-Structuralist Criticism*, ed. Josue V. Harari (Ithaca, N.Y.: Cornell University Press, 1979)。

26. "真正独特的物品——绝对的、完全没有历史的、不可能被融入任何组合的——是不可想象的，它只存在于纯粹的声音之中。"参见：Baudrillard, "The System of Collecting," in *Cultures of Collecting*。

27. 这句话来自威廉·詹姆斯。在他的弟弟亨利的小说里，通过藏品来构建世界的现象被描绘得尤为精致。参见：亨利·詹姆斯的小说《金碗》《波英顿的珍藏品》《使节》等。

28. "博物馆就像艺术品的家族墓地似的。"参见：Theodor W. Adorno, *Prisms*, trans. Samuel Weber and Shierry Weber (Cambridge, Mass.: MIT Press, 1981), 175; S. Dillon Ripley, *A Sacred Grove: Essays on Museums* (New York: Simon and Schuster, 1969)。

2 博物馆类型

1. Vera Zolberg (citing Joshua Taylor), "'An Elite Experience for Everyone': Art Museums, the Public, and Cultural Literacy,"*Museum Culture: Histories, Discourses, Spectacles*, ed. Daniel J. Sherman and Irit Rogoff (Minneapolis: Minnesota University Press, 1994), 49-65.

2. 这些机构包括水族馆、树木园、美术馆、植物园、儿童博物馆、计算机博物馆、工艺和民俗中心、发现中心、民族博物馆、历史建筑和纪念碑、实验室、图书馆、军事和海洋博物馆、自然博物馆、"历史重现"景区、科技馆、科学中心、野生动物保护地、大学博物馆和画廊、动物园等。还有部分机构的地位依然存在争议，比如迪士尼乐园的“未来世界”，被尼尔·波兹曼描述为“世界上最大的仿真西洋景”。参见："Museum as Dialogue," *Museum News* 69, no. 5 (September-October 1990): 55-58。

3. 截至 1993 年，在年度预算基本相同的情况下，波士顿美术馆的雇员人数约为其邻居波士顿科学博物馆的两倍，但接待的游客数量仅为后者的一半。波士顿美术馆珍藏近 50 万件藏品，这是它存在的基础。波士顿科学博物馆则拥有约 3 万件藏品（包括活的动物），它们需要照管和维护。其中，大部分藏品的价值在于其功能性，而非藏品自身的价值。这两家机构在不同的环境下，有着不同的使命，它们根据各自的需求雇用员工和开发资源。对于另一种强调差异重要性的分类系统，参见：Stephen E. Weil, *Rethinking the Museum: And Other Meditations* (Washington, D.C.: Smithsonian Institution Press, 1990)。阿尔玛·维特林还提出了另一种分类方案，她把所有博物馆分为两类：收藏中心和展示中心，然后依据它们的目标受众做进一步细分。参见：Alma Wittlin, *Museums: In Search of a Usable Future* (Cambridge, Mass.: MIT Press, 1970)。

4. 旅游部门、商会和当地媒体都认为博物馆代表了地区吸引力。《波士顿环球报》的文化副刊最近推荐了鞋子博物馆，国家塑料博物馆以粉色火烈鸟作为标志，此外还有卫生管道设备博物馆、糟糕艺术博物馆等主题奇特的场馆。海军基地博物馆由美国海军建设营的退休人员修建，位于原基地，毗邻昆锡点海军基地。它将收藏二战退休军人团体捐赠的制服、武器、工具、图纸、照片和其他纪念品等。参见：Paul E. Kandarian, "Seabees," *Boston Globe*, November 8, 1998, B17。

5. 比如底特律的非洲裔美国人历史博物馆，它于 1997 年 4 月重新开放。该馆由 RAA 建筑公司设计，有着浸入式展览空间、图书馆和数字化研究设施、几个影院、“沉思空间”、餐厅、一个国际化博物馆商店，以及相对较少的藏品储藏区。

6. 尊贵的私人收藏比博物馆早几个世纪出现，公众很少能看到这些珍宝。16 世纪，意大利的美第奇家族开放了有限的参观（这些珍品后来大多被收藏在佛罗伦萨的乌菲齐美术馆）。至 18 世纪，位于罗马、那不勒斯、维也纳、德累斯顿、巴塞尔、凡尔赛、巴黎和伦敦的著名收藏，也面向公众有限开放。法国大革命后，参观艺术收藏成为普通民众的权利。参见：Edward P. Alexander, *Museums in Motion: An Introduction to the History and Functions of Museums* (Nashville, Tenn.: American Association for

State and Local History [ASLH], 1979), 24。

7. 并非每个人都对博物馆有着同样美好的回忆。参见：Paul Valery,"Le Probleme des Musees" in *Pièces sur l'Art*。阿多诺反思了博物馆对其展品所产生的弱化效果，参见："Valery-Proust Museum," *Prisms*。美国艺术家罗伯特·史密森指控博物馆谋杀和埋葬艺术品，他认为这些艺术品被人为从自然环境中撕裂，并"被破坏"了，参见：*The Writings of Robert Smithson: Essays with Illustrations* (New York: New York University Press, 1979), 132; Stephen E. Weil, "On a New Foundation: The American Museum Reconceived," William Cook Lecture on American Studies, University of Michigan, April 14, 1993。另可参考福楼拜的著名小说《布瓦尔和佩库歇》。

8. Thomas DaCosta Kauffman, "From Treasury to Museum: The Collections of the Austrian Habsburgs," in Elsner and Cardinal, *Cultures of Collecting*, 137.

9. Hegel, *Introductory Lectures on Aesthetics*, trans. Bernard Bosanquet (1886; reprint, London: Penguin Books, 1993); *The Phenomenology of Spirit* (1807), trans. A. V. Miller (London: Oxford University Press, 1997).

10. G. Browne Goode, *Smithsonian Institution Annual Report* (Washington, D.C.:1989); Sherman E. Lee, *On Understanding Art Museums* (Englewood Cliffs, N.J.: Prentice-Hall, 1975).

11. Pierre Bourdieu and Alain Darbel with Dominique Schnapper, *The Love of Art: European Art Museums and Tbeir Public*, trans. Caroline Beattie and Nick Merriman (Stanford, Calif.: Stanford University Press, 1990).

12. Bourdieu, *Love o f Art*,110.

13. 在美国，这一目标得到了全国教育协会的资助。感谢朱莉·C. 范·坎普为我提供相关信息。此外，凯洛格基金会、霍华德·休斯基金会等也在推动相关项目。

14. 同样的原则也适用于诸如斗牛和棒球比赛这样的全国性场面。球员们获得巨额薪水，粗暴的行为也被允许，因为公众认同他们，在他们那里看到了集体幻想和梦想的实现。大规模的建筑，如大教堂或纪念碑，同样吸引了集体认同。

15. 从柏拉图到赫伯特·马尔库塞，哲学家们已经意识到美学教育具有不可替代的价值，还意识到应当把快乐的合法化作为控制公民的工具。

16. Sherman E. Lee, "The Idea of an Art Museum," in *Past, Present, East and West* (New

York: G. Braziller, 1983), 24.

17. Carol Duncan and Alan Wallach, "MOMA: Ordeal and Triumph on Fifty-third Street," *Marxist Perspectives* I, no. 4 (winter 1978): 28-51.

18. 这些压力来自各方面，参见：Christine Battersby, *Gender and Genius: Toward a Feminist Aesthetics* (Bloomington: Indiana University Press, 1989); Vera L. Zolberg and Joni M. Cherbo, eds., *Outsider Art: Contesting Boundaries in Contemporary Culture* (Cambridge: Cambridge University Press, 1997)。

19. 1993 年 11 月的《发现》特刊列出了 10 个最受欢迎的科学博物馆，其中有 6 个是自然博物馆。

20. Shelton, "Cabinets of Transgression."

21. Shelton, "Cabinets of Transgression," 186. 谢尔顿论证的要点是，尽管文艺复兴时期的收藏放弃了中世纪以上帝为中心的世界观，但在其以人为中心的观点中，实际并没有将"新大陆"的居民视为人类中平等的一员。当地的风俗文物被作为异教的证据带回欧洲。这些藏品为本土物质文化的比较分类创造了一个类别，暗示了它的殖民从属地位。

22. Alexander, *Museums in Motion,* 44.

23. 从古希腊时代直到 20 世纪，新柏拉图主义"伟大的存在物之链"概念流行于科学和人文思想中。按照这种观点，宇宙是一个大的物质空间，从其源头 (按照基督教的说法，即上帝) 到完全没有形态的物质，在宇宙中分层排列。每一层的梯级之间完全没有罅隙。一个完美的博物馆就是一个对宇宙理想的复制，将包含绝对整体中任何一种可能的存在类型的标记。参见：Arthur O. Lovejoy, *The Great Chain of Being* (Cambridge, Mass.: Harvard University Press, 1956)。

24.Susan Stewart,"Death and Life, in That Order, in the Works of Charles Willson Peale," in Elsner and Cardinal, *Cultures of Collecting*, 204-223. 朗达 · 史宾格是一位女权主义科学史学家，她向林奈分类系统的客观性和普遍性提出了挑战。她指出植物繁殖具有拟人化性征。参见：*Nature*'s *Body* (Boston: Beacon Press, 1993)。博物馆依照性别对植物插图进行分类，正是强调了林奈的分类系统。有一个以更现代的角度展示林奈遗产的展览，该展览既强调改变了的知识概念，也强调作为体验场所的博物馆对于物品的新理解。参见：Lisa C. Roberts, *From Knowledge to Narrative*

(Washington, D.C.: Smithsonian Institution Press,1997)。

25. Alexander, *Museums in Motion*, 12.

26. 自然历史博物馆的专业人员通常以文献为依据，来辨别自己和业余收藏家或美学家的收藏。文献中没有记载的物品，不管它多漂亮，对于自然历史博物馆而言往往毫无价值。不过，它在自然历史博物馆里能获得精心照料。当然，这里说的“重生”与艺术品本身有关，它们被发现后便与现实世界隔离，就像科学收藏中的藏品那样。至于藏品的发现与保护，其过程中产生的物理和化学反应不能被忽视，其意义重大，但它带来的问题与艺术收藏者所遇到的问题截然不同。

27. 保持事物的运转有序至关重要，所以科学中心通常雇佣较多的维护人员。由于公众不断地与展览互动，因而工作人员必须优先考虑参观者的生命健康和安全问题。传统博物馆也有同样的责任，但它们不常经受考验。

28. Victor Danilov, *Science and Technology Centers* (Cambridge, Mass.: MIT Press, 1982). 该运动的早期阶段阐明了科学技术的历史发展，包括古物的收藏和保护 (如南肯辛顿博物馆)；第二阶段，使用操作模型进行演示，辅以科学原理和应用的图表来示范（如德意志博物馆）；第三阶段是科学中心（如探索博物馆和安大略科学中心），因为它们没有特色藏品，所以未被美国博物馆协会官方认证为博物馆，直到 20 世纪 70 年代中期，它们自己成立了科学中心协会 (ASTC) 之后，才被认证为博物馆。这些机构不太关心科学的历史和应用，不关心科学探索不到的现象，也不关心它所使用的物质和概念上的设备。参见：Hein, *The Exploratorium: The Museum as Laboratory* (Washington, D.C.: Smithsonian Institution Press, 1990)。

29. 采用这种思考方式，波士顿科学博物馆形成了一种展览策略。它不断地向观众介绍博物馆长期观察、研究、提出假说并验证、衡量证据和形成理论成果的能力。这迫使博物馆重新检查其展览的历史和哲学问题，并为参观者提供体验式地参观方式。

30. 科学中心通常会 (免费或收费) 讲述它们的展览策略，甚至向其他机构传授诀窍。参阅关于探索博物馆的系列丛书，书中就如何复制展品和如何提升展品质量给出了详细的说明。

31. 例如，纽约现代艺术博物馆里的西科斯基直升机和其他工业设计产品。

32. 在史密森学会的国家航空航天博物馆 (NASM) 里有通用和具体的例子。例如，莱特兄弟的双翼飞机于1903年在北卡罗莱纳州的基蒂霍克进行了历史性的飞行，就像达·芬奇的《蒙娜丽莎》一般独一无二；NASM展出了各种盟军和轴心国典型战斗机的标本，代表了飞机制造业的发展历程。1995—1998年NASM展出的艾诺拉·盖号轰炸机，就是1945年在广岛投下第一颗原子弹的那架飞机。博物馆陈列的是B-29飞机的一部分，这种飞机是二战期间常用的机型，它的独特性并不在于技术（除了为携带原子弹而做的改装），而在于它是军事和社会史上的重要篇章。由于使用原子弹的环境、智慧和道德的激烈分歧，博物馆放弃了在历史背景下做展览。结果，除了礼仪方面做到位了，这个展览本质上是个泛泛之作，参观者满意度极低。

33. 例如大型展览"信息时代"，该展览于1990年在美国国家历史博物馆（NMAH）开幕，得到了许多信息技术制造商等各方的帮助，包括迪士尼公司和它的"幻想工程师"团队。展览想要展现电报、电话、电视、电脑和其他通讯网络对人们生活的影响。1994年，史密森学会的"美国人生活中的科学"展更突出强调了一些政治和伦理的争议，正是这些争议导致避孕药、原子弹等技术大力发展。

34. 铁路、轧棉机、汽车和电脑对政治、经济的影响很大。可以说，这些是推动社会进步、文化形成的主要驱动力。

35. Lee Kimche, "American Museums: The Vital Statistics," *Museum News* 54, no.5 (October 1980): 52-57. 另请参见：Leon and Rosenzweig, *History Museums in the United States*, xiv。在这里，历史博物馆被宽泛地定义为"展示历史文物、文物的复制品或模型的机构，传递有关历史的知识"。

36. 莱昂和罗森茨魏希指出，历史博物馆通常每年吸引约1亿游客，很少有学术著作指出这样的数字；电影和电视剧也触动了很多人，比如亨利·汉普顿有关民权和萧条时代的节目。除此之外，许多人没有任何其他获取历史知识的来源。这些受欢迎的项目，如历史博物馆和主题公园正在塑造公众的历史意识，知识分子有义务认真对待它们带来的影响。参见：*History Museums in the United States*。

37. "新社会史"是对以前被忽略的主题的记录。一般记录诸如妇女、工人、移民、奴隶和少数民族的生活。历史上的重大事件在没有"标准"文献记录的情况下，需要创新的概念和解释模式。

38. 叙事是"一个主观聚焦的事件序列在任何符号系统中被呈现和交流"。参见：Mieke Bal, "Telling Objects: A Narrative Perspective on Collecting," in Elsner and

Cardinal, *Cultures of Collecting*, 100。

39. 显然这不是为了适用于那些原先就具有欺诈性的物品，而是为了歪曲他们曾声称要讲述的故事。例如殖民地威廉斯堡，“明显切除了黑人奴隶的存在，而他们占18 世纪威廉斯堡居民的 50%”。参见：Michael Wallace, “Mickey Mouse History,” in Leon and Rosenzweig, History Museums in the United States, 158-180. This error has since been corrected。

40. 例如亚法・叶里阿奇于 1941 年之前拍摄的关于立陶宛一个犹太人村子的数千张照片，如今被华盛顿特区美国大屠杀纪念馆展出，这个展览呈现了犹太人的生活，也预示着犹太人社区的消亡。这个社区于 1941 年 9 月终结于德国纳粹党卫军杀戮小队之手。参见：Edward T. Linenthal, *Preserving Memory: The Struggle to Create America*'s *Holocaust Museum* (New York: Penguin Books, 1995), 171-186。

41. 林纳塔尔区分了“纪念的”声音和“历史的”声音。“纪念的”声音是与见证人个人的、亲密的权威对话；“历史的”声音更客观、更具研究性，会显得屈尊俯就。这些观点之间的冲突，是美国空军代表和历史学家对艾诺拉・盖展览背景产生深刻分歧的基础。参见：“Between History and Memory: *The Enola Gay* Controversy at the National Air and Space Museum,” *Bulletin of Concerned Asian Scholars* 27, no.2 (April-June 1995)；另请参见注释 32。

42. 像其他物品一样，艺术品也能辨别“谎言”。芝加哥历史学会“我们人民”展的策展人指出，像约翰・特朗布尔的《独立宣言》和埃玛纽埃尔・洛伊茨的《华盛顿横渡特拉华河》这样具有代表性的油画作品，实际上充满了历史性的错误信息，创作初衷是鼓舞人心，而不是准确的事实呈现。参见：Alfred F.Young and Terry J. Fife, with Mary E. Janzen, *We the People: Voices and Images of the New Nation* (Philadelphia, Penn.: Temple University Press, 1993)。

43. 创办于 1899 年的布鲁克林儿童博物馆，致力于“帮助年轻的观众理解他们自己和他们生活的世界”。参见：Mindy Duitz, “The Soul of a Museum: Commitment to Community at the Brooklyn Children’s Museum,” in *Museums and Communities :The Politics of Public Culture*, ed. Ivan Karp, Christine Mullen Kreamer, and Steven D. Lavine (Washington, D.C.: Smithsonian Institution Press, 1992), 242。

44.“我们不仅把自己看作一个活动中心，还是一个真正的博物馆，这个博物馆以藏品为基础……儿童博物馆与普通博物馆不同的是：创建儿童博物馆的人把它看作是教育博物馆而不是展示博物馆。它们在运营规模和复杂程度上只是普通博物馆的初级版本。但对我来讲，真正的突破出现了——儿童博物馆不在于如何关心艺术、科学或历史，而在于为谁设计的。它们是孩子们的。”迈克尔·斯波克在接受唐纳德·加菲尔德采访时说。参见：*Museum News* 72, no.6 (November-December 1993): 34。

45. 例如1991年布鲁克林儿童博物馆举办的关于皇冠高地文化的展览。

46. YouthALIVE计划由德威特·华莱士读者文摘基金会资助的美国科技中心协会和青年博物馆协会共同赞助，致力于长期发展青少年与博物馆之间的课外关系。参见：Suzanne LeBlanc, “Lost Youth: Museums, Teens and the YouthALIVE! Project,” *Museum News* 72, no. 6 (November-December 1993): 44。

47. 并不是传统的收藏已经过时了。正如我前面提到的，博物馆致力于保存和研究某些特殊的事物，从温度计、土豆到谋杀工具等。博物馆总有追随者和资金，因此，它们能够在机构一致性的压力之下保持超然的态度。

48. 我们的意识是由我们生产的物品塑造的。“因此，人工制品有时与人类共生，但在其他时候，这种关系是寄生的，物品的生存由其人类主人支付费用。”转引自“Why We Need Things,” *History from Things: Essays on Material Culture*, ed. Steven Lubar and W. David Kingery (Washington, D.C.: Smithsonian Institution Press, 1993)。另请参见：Mihalyi Czikszentmihalyi and EugeneRochbergHalton, *The Meaning of Things: Domestic Symbols of the Self* (Cambridge: Cambridge University Press, 1981)。

3 博物馆和社区

1. Robert Harbison, *Eccentric Spaces* (New York: Knopf, 1977; reprint, Boston: David R. Godine, Nonpareil Books, 1988), 150.

2. 由于博物馆是享有税收优惠的非营利机构，它们在社区当中具有一定的经济地位。此外，在发生某些紧急情况时，博物馆可以用作会议地点和技术中心。附近的居民有时会由于博物馆带来的交通拥堵和偶尔的公开争议而被冒犯，但他们也会从一些相关的商业活动中受益。

3. 并非所有人都认同这个观点。例如,社会批评人士罗伯托 · 曼戈拉 · 昂格尔指出共产主义社会普遍存在抵制变革、不平等、强制性等现象。参见:罗伯托 · 曼格贝拉 · 昂格尔的《知识与政治》。女权主义批评家艾丽斯 · M. 扬也指出,社群常常会为了保持身份而压制差异性,而这必然会导致一些排他行为的出现。参见:艾丽斯 · M. 扬的《正义与差异政治》。

4. 厌恶感是一种嫌恶和讨厌的感觉,是对某一对象产生反感,但同时也被其吸引。参见: Julia Kristeva, *Powers of Horror: An Essay in Abjection*, trans. Leon S. Roudiez (New York: Columbia University Press, 1982)。

5. 研究特定文化的人类学家,经常使用所有格的表达方式(如"我的部族""我的人")来指代他们研究的对象。参见: Ivan Karp, Christine Mullen Kreamer, and Steven D. Lavine, *Museums and Communities*, 2-3。

6. 离开是有风险的。例如托运工、抢劫者、供应商、承保人、包装工、门卫、电梯操作员、地面维护人员、批评家和评论家,他们都是外来者,但是谁更深入地参与博物馆内部事务、更熟悉博物馆呢? 任何与博物馆没有关联的人,都在预先设定好的领域之内。

7. 在过去的 20 年里,越来越多的博物馆职位被博物馆学专业的毕业生占有。此前,博物馆工作人员多是来自其他专业的"博物馆爱好者"或收藏家,他们当中大多数人在接受了非正式的培训之后就上岗了,他们的工作不够标准化。

8. 斯蒂芬 · 韦尔援引韦伯斯特《新国际英语词典》中关于"专业"的定义:"一种使命,需要专业知识且长时间密集的积累,包括技巧和方法的积累,通过专业组织,协调一致,取得高水准的专业成就。相关专业人员继续学习并从事与专业相关的公共服务工作。"韦尔还指出,在大多数领域,专业人士还具有自主权:"专业的从业者……实际上指导和监督这一领域的初步培训,控制新从业者的进入,颁布且执行相关专业标准。"参见: Weil,"In Pursuit of a Profession," in *Rethinking the Museum and Other Meditations* (Washington, D.C.: Smithsonian Institution Press, 1990), 75。

9. 艾伯特 · 帕尔承认博物馆工作人员是专业人士,但不是来自同一专业的。虽然工作目标一致,但是博物馆工作种类具有多样性。此外,拥有共同目标的人并不比其他有着不同目标的利益群体更有优势。参见: Parr, "A Plurality of Professions," *Curator* 7, no. 4 (1964)。

10. 关于收藏现象的心理学研究认为，这是一种通过占有并控制非我世界中的部分人以达到自我认同的方式。参见：Elsner and Cardinal, *Cultures of Collecting*；Susan M. Pearce, *Interpreting Objects and Collections* (London: Routledge, 1994)。

11. 相辅相成并不意味着平等。例如，奴隶主和奴隶、父母和子女、丈夫和妻子。

12. 博物馆确实表示要展出"鲜活的"文化，但它们只是偶尔才会这么做。在某种程度上，这些文化的后裔和不朽者认同博物馆的计划，他们被真实（或错误）地代表，在这个意义上，他们是藏品的一部分。同样地，艺术家们在美术馆的收藏中也被代表，他们经常抱怨说，与博物馆对经销商和受托人的渴求相比，他们被忽视了。可以说，后者的韵味也体现在展览上，但由于市场性的算计，这一点被冲淡了。由于博物馆在决定艺术家的命运，以及决定他们所创作的是否在艺术方面具有重要的作用，所以，说艺术家本身属于收藏的一部分并不牵强。不过，这更显明地体现了画廊的情形，这些画廊在它们所代表的艺术家当中拥有财产权。与"属于"人类学博物馆的"地方资源"一样，艺术家们也已组织起来参与美术馆的活动。关于这场政治运动的讨论已经超出了本书的范围。

13. Elaine Heumann Gurian, "It's Not a Small World After All," *NEMA News* 21, no. 2 (winter 1997): 1.

14. 正如沃尔特·凯利笔下的连环漫画人物波哥所说："我们已经遇到了敌人，就是我们自己。"

15. 从逻辑上讲，"他者"是相对的，要有另一个"他者"与之对应。被标记为"他者"的人们通过革命夺取政权，以反抗的方式表达他们对平等的要求。

16. 然而，许多博物馆仍使用这些分类语言。一些认可它们的书籍在博物馆研究中依然被用于指导专业训练。例如下面这段文字："简而言之，美术馆收藏文明社会的艺术精品 —— 油画、素描、照片、雕塑、家具、珠宝、纺织品、金属器皿、一些来自文明社会的手工艺品等。美术馆的收藏主要来自地中海、近东 —— 埃及、巴比伦、希腊等古代文明的物品。这些物品包括雕塑、珠宝和其他艺术品，也有木乃伊、墓室铭文、金属工具和武器等。"参见：G. Ellis Burcaw, *Introduction to Museum Work*, 2d ed. (Nashville, Tenn.: ASLH, 1983), 32。

17. 詹姆斯·克利福德描述了与特里吉特人长老们协商的情况，让他们来帮忙布置波特兰（俄勒冈）美术馆来自拉斯姆森西北海岸的藏品。"事实上，这些物品不是长老们评论的主体,他们有他们自己的会议议程。并不是说这些物品不重要,它们很重要。它们实际上是某种辅助——回忆起精彩故事的讲述和许多歌曲的演唱……在某种意义上,实物,至少我所看到的,多被置于边缘位置。”布赖恩·沃利斯受访时说。参见:“ The Globallssue: A Symposium,” *Art in America* 77, no. 7 (1989):152-53, cited by Constance Perm in “The Communicative Circle,” in Karp, Kreamer, and Lavine, *Museums and Communities*。

18. Joel N. Bloom, Earl A. Powell III, Ellen Cochran Hicks, Mary Ellen Munley, *Report of the Commission on Museums for a New Century* (Washington, D.C.: American Association of Museums, 1984).

19. 18 世纪以前,好奇心是一种类似于放荡、傲慢、冒犯的行为,但是受帝国主义影响,它逐渐受人尊敬。参见: Thomas Daniell and William Daniell, *A Picturesque Voyage to India, by way of China*, London (1810), cited by Nicholas Thomas, “Licensed Curiosity: Cook’s Pacific Voyages” in Elsner and Cardinal, *Cultures of Collecting*, 127。

20. 少数社群的成员会被选为某些主流组织董事会成员,“以满足代表多元化的需求……而不是寻求不同的意见。因此,少数成员之所以被选中是因为他们的背景符合那些组织的期望,而不是因为他们代表另一种观点”。参见: Robert Garfias, “Cultural Diversity and the Arts in America: The View for the ‘90s’,” unpublished manuscript, July 12, 1989。

21.“Empowerment of African American Museums,” in *Gender Perspectives: Essays on women in Museums*, ed. Jane R. Glaser and Artemis A. Zenetou (Washington, D.C.: Smithsonian Institution Press, 1994), 72.

22. 这个展览包括灭绝的程序、保护健康的措施,以及动员起来消灭啮齿动物的提议。

23. Edmund Barry Gaither, “‘Hey! That’s Mine’: Thoughts on Pluralism and American Museums,” in Karp, Kreamer, and Lavine, *Museums and Communities*, 56-64.

24. 就像阿纳科斯蒂亚博物馆的“老鼠”展一样,唐人街历史博物馆的展览“八磅生计:美国华人洗衣工的历史”(1984),与当地社区许多老居民的经历产生了共鸣,它还具有教育意义,在家庭当中、代际之间以及不平等的同化过程中加深了人们对展览的理解。参见:“Creating a Dialogic Museum: The Chinatown History Museum

Experiment," in Karp, Kreamer, and Lavine, *Museums and Communities*, 294。

25. 一些科学博物馆和美术馆,现在都在效仿科技馆和历史馆的运营模式:技术熟练的工人现场操作设备,有时还让观众也参与到现场活动中。这种展示科学研究或艺术创作的智识过程,给展览设计人员带来了很多挑战。这是一项极具创造性的管理工作,也需要学者们的积极参与。

4 超越实物

1. Robert Harbison, *Eccentric Spaces* (New York: Knopf, 1977; reprint, Boston: David R. Godine, Nonpareil Books, 1988), 31, 140.

2. 让·鲍德里亚认为,一件实物就是一个"顽固的物质体",栖居于一个"精神王国 …… 其功能是相对于一个主体而言的"。他还坚持认为,到目前为止,当这样的主体被重新提及时,实物会构造成一个系统,这个系统定义了这一主体独立的微观世界。按照让·鲍德里亚的观点,一个主体拥有和使用的功能替代物管理着这个主体的物化系统。至少从亚里士多德到康德,哲学史已经把优先权放在了实物认同的逻辑层面上。

3. 乔治·贝克莱(1685—1753),"存在即认知"是他的格言。参见:*A Treatise Concerning the Principles of Human Knowledge (1710)*。然而,他的理想主义受到了缺乏文化多样性和多元主义乐趣的现实主义的限制。

4. Edwina Taborsky, "The Discursive Object," in *Objects of Knowledge*, ed. Susan Pearce (London: Athlone Press, 1990), 50-77.

5. "存在"一词定义了任何可能被提及的事物,包括虚构的和杜撰的东西、不可能的事物和谎言、可能发生的和已经发生的事件、关系、方程式以及抽象的特质。为了将物质实体与其存在方式区分开来,哲学家们把"留存"和"生存"纳入了形而上的词汇表中。

6. Michel Foucault, *The Order of Things: An Archaeology of the Human Sciences* (New York: Pantheon Books, 1970; Vintage Books edition, 1973), xv.

7. Foucault, *Order of Things*, xx.

8. 阿尔君・阿帕杜莱描述了实物从生产到消费的"生涯"。其中,传记式的分析仅仅适用于日用品,这种分析是具有技术性的,且可验证。但随着作为符号功能的实物的出现,一种更为复杂的认识论被引入了。参见:Appadurai, The Social Life of Things: Commodities in Cultural Perspective (Cambridge: Cambridge University Press, 1986), 41;Mihalyi Csikszentmihalyi, "Why We Need Things," in Lubar and Kinger, History from Things。

9. Taborsky, "Discursive Object," 66.

10. 不久前,意大利政府同意归还一件埃塞俄比亚的雕塑,这是墨索里尼的军队在二战前征服阿比西尼亚帝国的时候掠夺而来的。这次掠夺意在恢复意大利罗马帝国的辉煌。归还文物时,意大利代表宣称,他们理解一件国宝被侵略者偷走不还的感受。

11. 弗朗西斯・培根虚构的第二名顾问向他的王子描述出一个装备齐整的哲学家的小展室:它必须包括"一个图书馆、一个养着各种植物和动物的花园、一个漂亮又巨大的橱柜。在这里,人类之手借助精致的艺术或机器制造了各种东西,它们在材料、形态以及装置方面都极为罕见;任何稀有的机遇和混乱的事物都出现了;这里还有一座房子,里面有磨坊、仪器、炉子和器皿,很像是一座存放哲人纪念碑的宫殿"。参见:*Gesta Gestorum*, 1594, Gerard Turner, "The Cabinet of Experimental Philosophy," in Oliver Impey and Arthur MacGregor, *The Origin of Museums: The Cabinet of Curiosities in Sixteenth- and Seventeenth-Century Europe* (Oxford, Clarendon Press, 1985), 214。

12. 两位收藏家有时会分享和交换藏品,并在不同的项目中使用这些物品。学者阿尔德罗万迪为自然主义假说做了辩护,他认为,社会习俗在一定程度上受到了环境资源和生产的影响。与他同时代的一位牧师把他的藏品聚集了起来,以此来向上帝创造的和谐的宇宙秩序致以虔诚的敬意。参见:Shelton, "Cabinets of Transgression,"177-204。另请参见:Laura Laurenchich Minelli, "Museography and Ethnographical Collections in Bologna during the Sixteenth and Seventeenth Centuries," in Impey and MacGregor, *Origin of Museums*。

13. Alexander Baumgarten (1714-1762), *Reflections on Poetry*, trans. Karl Aschenbrenner and William B. Holther (Berkeley and Los Angeles: University of California Press, 1954).

14. 我认为，艺术史的诞生归功于约翰·约阿辛·温克尔曼（1717—1768），然而一些相关的专家把艺术史这门学科的荣耀归给了两个多世纪前的乔治奥·瓦萨里（1512—1574）。我要感谢惠特尼·戴维斯，是她让我发现了这个差异。

15. Thomas DaCosta Kaufmann, "From Treasury to Museum: The Collections of the Austrian Habsburgs," in Elsner and Cardinal, *Cultures of Collecting*.

16. Carol Duncan, "Art Museums and the Rituals of Citizenship" in *Exhibiting Cultures: The Poetics and Politics of Museum Display*, ed. Ivan Karp and Steven Lavine (Washington, D.C.: Smithsonian Institution Press, 1991), 94.

17. 这种抱残守缺的混乱的状况源自这样的转换：将新柏拉图式过剩的客观存在物转换成基督教的监督者，监督着一切，甚至一只麻雀。

18. Brian O'Doherty, *Inside the White Cube: The Ideology of the Gallery Space* (Santa Monica: Lapis Press, 1976, 1986), 15.

19. 马克·坦西1984年的画作《纽约学派的胜利》（*Triumph of the New York School*），对这场冲突做出了最尖锐、最具讽刺意味的品鉴。在画中，巴黎绘画学院的理论家安德烈·布雷顿被描绘成向美国艺术批评家、抽象表现主义主要发言人克莱门特·格林伯格投降的样子；对抗者的军队装束有一战和二战时期的制服；画中的艺术家副官暗指古老的战斗，以及一个艺术世界之外从未有过的战场。

20. O'Doherty, Inside the White Cube, 41.

21. 阿瑟·C. 丹托在1964年的演讲中指出了这些事件的哲学涵义，它们是一场美学运动的基础，这场运动按照艺术史传统把“艺术品”概念做了相对论处理。丹托的论点是乔治·迪基“学院派理论”的起源，不过后者认为艺术世界的混乱是一种社会现象而非本体论现象，艺术品鉴赏是一种随意的时尚行为。哲学理论对艺术定义的关注有很长的历史了。艺术品与真实世界的事物之间的区别难以识别，丹托对此感到不安，这也是一种对形而上学危机的担忧。参见：Arthur Danto, "The Artworld," *Journal o f Philosophy 61* (1964): 571-584；George Dickie, "Defining Art," *American Philosophical Quarterly 6* (1969): 253-256, and Dickie, *Art and the Aesthetic: An Institutional Analysis* (New York: St. Martins Press, 1975)；Arthur Danto, *The Transfiguration of the Commonplace: A Philosophy of Art* (Cambridge, Mass.: Harvard University Press, 1981)。

22. Spencer Crews and James Sims, "Locating Authenticity: Fragments of a Dialogue," in Karp and Lavine, *Exhibiting Cultures*, 159.

23. Crews and Sims, "Locating Authenticity."

24. 沃尔夫冈·伊泽尔是这一理论的创始人之一。他在处理文学作品时侧重于意图（主要是从作者角度），假定或要求读者产生共鸣，把作品定义为一种联系作者和读者的设备。伊泽尔认为，作品在不同的地方意义也不同，读者阅读是实现作品意义的行为。因为有很多读者、很多阅读方式，所以就有很多种类的作品，它们会随着读者的社会身份而变化。参见：Iser, *The Act of Reading: A Theory of Aesthetic Response* (Baltimore: Johns Hopkins Press, 1978)。博物馆和实物的关系与此相似。无论是艺术品、历史文物或科学标本，策展人通常会复原原始意义（意图、功能、自然状态），并以最能再现那种意义的方式把实物展示在观众面前。这就使博物馆成了动态交流的场所。

25. *New York Times*, January 11, 1994, C17；"On Being an Exhibit Designer," in *Exhibitionist* 13, no. 1 (spring 1996): 15.

26. 即使在这里，绝对控制也是不可能的。个体在他们的知觉生理机能上存在差异，并不是每个人都能产生同样的幻觉、看到一样的图像，也不是每个人都能以同样的速度和清晰度看到同样的东西。

27. 观赏者经常会看到一些伟大作品的复制品，他们时常因此而失望。其实，与被放大、被照亮的替代品相比，真品可能更小、更单调。哲学家瓦尔特·本雅明写道："过度暴露于摄影作品中会驱散原始艺术品的'光环'，影响它们的效果。"

28. 然而，博物馆类型的特殊性依然存在，它在跨类型定性判断方面的能力有限。科学博物馆可以展出艺术品，但它不能把艺术的身份赋予一件物品。相应地，一件艺术品可以被科学博物馆用来阐明一个科学概念，但这件物品并不会因此成为科学论证的一个元素。审美判断在科学的理解中发挥着重要的作用，但是被欣赏的美是自然的，不是艺术的。艺术的产生，对于科学而言不是一种进步。因此，科学博物馆继续努力使观众获得"科学"的体验，而美术馆则提倡"审美体验"。

29. 人类学家阿尔君·阿帕杜莱追随格奥尔格·齐美尔，认为交换是价值的基础。被交换之物以什么代价被交换，由阿帕杜莱所谓的"价值竞赛"所决定。参见：Appadurai, Social Life of Things。

30. 研究表明，游客造访博物馆想要实现特定的体验类型。史密森学会的研究办公室 (ISO) 将体验分为四个类别：社会体验、实物体验、认知体验和内省体验。这些都是与个人偏好和特定类型博物馆相关联的常见类别。博物馆对它们的"客户"负责，提供条件来满足"客户"的需求，目的是使博物馆能够更有效地提供观众想要的体验。参见：Doering, "Strangers. Guests or Clients? "

31. 在如今的新闻、电影、相关文献中，以及在回忆录的流行和名人的"人性化"方面，个性化是显而易见的。

32. 由此可知，欣赏科学不是为了知道某个结论，而是为了养成自己观察、制定假说、收集证据和解决问题的能力。研究历史是凭借推断归纳的证据，重新演绎历史情景；邂逅艺术是像艺术家那样屈服于美学。博物馆游客会把他们的知识、态度和文化倾向带到每一种体验中，因此，在他们的异质性中，就像所有的科学家、历史学家、艺术家一样，在遇到其他游客时也会融入他们。

33. 色情行业、恐怖电影、暴力文学、毒品、酒精等，都能被包装并为观众带来艺术体验，毫无疑问，这些都不是我们最想要博物馆提供的东西。

5 博物馆体验和"真东西"

1. 1997 年 6 月，旧金山现代美术馆介绍油画藏品（1953—1954）的说明书。参见：Gift of Harry W. and Mary Margaret Anderson72.26。

2. "The Real Thing," *The Portable Henry James*, ed. Morton Dauwen Zabel (New York: Viking Press, 1956), 151.

3. Adorno, "The Valery Proust Museum," in *Prisms*, 175-185.

4. Peter von Mensch, "Methodological Museology," in Pearce, *Objects of Knowledge*.

5. 如果事实的重要性等同于上帝，那么正如新柏拉图主义基督徒所坚持的，提升生命价值的途径是不平凡的。

6. 柏拉图认为，物质实体与真实的形态有着一定的距离，而模仿物质实体的图像，只是"纯粹的"表象，是不真实的阴影，使人们的注意力从对事物真实本质的思考中转移。艺术的表象使人们的注意力从通向事实的真实而又艰难的道路上移开。柏拉图的后辈们已经把柏拉图对物质世界的尖锐评判软化为单纯的诱惑，但感官体验仍然是肤浅的,充其量只是获取更深层次知识的门槛。

7. 艺术自主性,或者说“为艺术之艺术”,这个概念明显是从伊曼努尔·康德的哲学《判断力批判》(1790)中派生的。康德通过分离审美体验和关注现实存在,将美的体验与道德或功利主义区分开来。一个人对充满想象力的作品进行审美欣赏时,无需考虑它的起源、经历等问题。后来的哲学家们完善了这一学说,把艺术作品提升到了想象力的更高境界,在那里,天才超越了一般的自然法则,创作了能够将鉴赏者转化为极具审美灵感的高尚的实物。参见:Miles Orvell, *The Real Thing: Imitation and Authenticity in American Culture*, 1880-1940 (Chapel Hill: University of North Carolina Press, 1989)。

8. 詹姆斯·克利福德引用了苏珊·斯图尔特的研究成果,展现了“博物馆收藏如何通过把实物从特定的环境中切割出来,营造某种假象 …… 让它们‘代表’抽象的整体”。接下来详细阐述了实物收藏和展示的分类计划,制定藏品收藏规范,以及研究实物的生产和收藏史。因此,在西方博物馆,“事物之间关系的幻觉代替了社会关系”。参见:Clifford, “Objects and Selves,” in *Objects and Others: Essays on Museums and Material Culture*, ed;George W. Stocking Jr., History of Anthropology, vol. 3 (Madison: University of Wisconsin, 1985), 239。

9. 在柏拉图的哲学中,运用有说服力的隐喻和鼓舞人心的音乐是很重要的,但他没有依靠物质对象来达到修辞目的。

10. 柏拉图的原型思想是单一的、非物质的、不变的、永恒的和不可摧毁的。对它们的模仿,是复数的、物质的、暂时的、易变的和易分解的。任何模仿,即便在品质上与其原型难以辨别,也肯定会有明显的差异。

11. 因此,原作的品质没有任何保证。确切的真实性专指实质恒定不变的,或者指保持原始状态的,或者是至少有证明其真实性的相关文件的。

12. 赝品有着与其原型不同的身份。赝品的价值甚至可能会超过其原型的价值,这只是因为赝品有着不同于其原型的历史价值。例如,当前广受赞美的仿皮草(人造的)衣服,这种对“真东西”的廉价替代,在四十年前令人厌恶。

13. 根据艺术天才的普遍思想来看,那些非“原创”作品,无论是经过学徒、改进者还是修复者之手的改造,都已经失去了成为“真东西”的资格。历史研究发现,很多伟大的艺术家都有工作室和作坊,在那里,学生和助手们完成了大部分的生产劳动。

尽管这些发现为鉴别历史真相带来了重大的帮助，但人们不会认为存在这类问题的作品都是骗人的。相反，这对作品的归属问题提出了质疑，引发了“真的伦勃朗”或“真的鲁本斯”的标志是什么的问题。

14. 参见：Nelson Goodman, *Languages o f Art* (Indianapolis, Ind.: Hackett, 1976)。似乎可以理解的是，“自然”（比如风化或尘土累积）原因对物品造成的改变，不会影响其“真实”身份，而人为干预（比如添加修饰）就会篡改原件，影响其真实性。当然，这个问题也存在一定的争议性，而这可能正是作品最初的生产者所期望的。

15. Denis Dutton, ed., *The Forger's Art* (Berkeley and Los Angeles: University of California Press, 1983)；Mark Jones, *Fake? The Art of Deception* (London: British Museum Publications, 1990).

16. 区别赝品和假货，在很大程度上是道德和经济意义上的问题，这无法从美学意义上判定。不过，哲学家们发现这个问题很吸引人。参见：纳尔逊・古德曼的《艺术语言》。

17. 范・米格伦成功地制造了一系列维梅尔作品的伪作，愚弄了专家们。范・米格伦小心地复制了大师作品的风格和材质，伪作中带有略微的他自己的典型风格，画作还是会被认为是真的，这在一定程度上可以说是增加了“维梅尔作品”的存量，合乎一定的学术期望。1945 年，范・米格伦在把他的一些作品卖给收藏家赫尔曼・戈林时，因售卖国家珍宝而被法庭审判，伪作的真面目才被揭开。为了免除对自己的严重指控，范・米格伦在法庭上画了一幅仿维梅尔的作品，从而证明了他在伪造艺术品方面的技能，并以此说服了法官。

18. Nicholas Thomas, “Licensed Curiosity: Cook's Pacific Voyages,” in Elsner and Cardinal, *Cultures of Collecting*, 127.

19. 苏珊・皮尔斯注意到，尽管实物的物质性在西方一直不被重视，但它们“有能力通过其与过去事件的‘真实’关系而把过去和现在联系起来”。“实物既是标志，又是象征，可以把过去的真实内容带到现在，还可以被再解释，这是它们独特而模糊的力量的本质”。参见：Pearce, *Museums, Objects, and Collections*, 27。

20. Pearce, *Museums, Objects, and Collections*, 258。

21. 与刘易斯・卡罗尔同时代的读者会发现，柴郡猫消失后，它的那种微笑依然存在，这是不可思议的，因为他们觉得，在逻辑上，微笑不可能存在于脸面之外。但是，对于 20 世纪晚期的读者而言，对着镜子，诡异的露齿笑是绝对的存在。

22. 苏珊 · K. 朗格尔确定了几种艺术形式：绘画、雕塑、音乐、舞蹈“创造”的各自特定的类型。例如，所有的视觉艺术都产生了“实质的空间”，音乐产生了“实质的时间”。参见：Langer, *Feeling and Form* (New York: Charles Scribne's Sons, 1953)。

23. 列夫 · 托尔斯泰认为，只有一个灵魂与另一个灵魂产生深刻真诚的情感交流所产生的艺术品才是真正的艺术作品。 参见：Tolstoy, *What Is Art*? trans. Alymer Maude (London: Oxford University Press, 1930)。克罗齐和科林伍德的理论认为，艺术作品是由艺术家创造的一个精神实体，并被象征性地传递，以便在欣赏者的头脑中再现。也许最能与当代学生产生共鸣的理论是约翰 · 杜威的观点，他在《艺术即体验》一书中这么表述：艺术作品在被体验时，由感知者重新“再造”。

24. 运用计算机生产图像和数学建模技术，电影能够实现虚拟现实，这超越了动物标本制作师最疯狂的梦想。动物标本装置，虽然不折不扣地是由真实的东西组合而成的，但是它们无法与其在虚拟效果中的电子对应物相竞争。《侏罗纪公园》不是为了还原历史真相，而是为了引人注目，甚至科学证据明显不足。 参见：Stephen Jay Gould, "Dinomania," in *New York Review of Books* 40, no.14, April 12, 1993。

25. 在查理斯 · 威尔森 · 皮尔的肖像画《博物馆里的艺术家》(1822)（*The Artist in His Museum*）中，一具乳齿象的骨架显得很突出，在博物馆里，这些复原品既是历史证据，又有着吸引观众的功能。1851 年伦敦水晶宫的展览展现了全尺寸模型，吸引了大批充满好奇心、寻求刺激的人。今天人们对恐龙的了解，主要是基于对化石的研究，并结合现代动物解剖学、古植物学和生态学的研究。

26. 美国自然历史博物馆的一名展览标本制作人，就博物馆重建一个 8000 万年的窃蛋龙巢穴的事描述道：“模型赋予安静的化石以生命，激发了所有想要了解恐龙时代的人的想象力。”参见："Hatching an Oviraptorid: Building a Model at the American Museum of Natural History," *Exhibitionist* 15, no. 1 (spring1996): 36。

27. 古生物学家和许多博物馆访客不同意这种观点。他们坚持认为，自然物本身的古老特征及其相关历史，就能对参观者产生深刻的影响，这胜过那些精心设计出来的当代捏造品。我不否认这一点，但是简单来讲，这两种截然不同的体验都是真实存在的。

28. 同样的原则也适用于鉴赏者的审美享受，有时鉴赏者虽然感到愉悦，但其实并不感兴趣，这便脱离了鉴赏对象。这是康德学派的遗产，启蒙运动理论是其根源。

29. 在 19 世纪 30 年代，由密尔沃基公共博物馆创作的实景模型是真实场景最高水准的复制品。为了节省成本和空间，模型通常按比例缩小，被展示在无反射玻璃后面的真实光线和环境中。模拟现实主义的技术和成本是有限的。

30. 爱德华·P. 亚历山大描绘了一种在十九世纪二三十年代横扫欧美的"全景狂热"。参见：Alexander, *Museums in Motion*, 82。

31. Margaret J. King, "Instruction and Delight: Theme Parks and Education," in *The Cultures of Celebrations* (Bowling Green, Ohio: Popular Press, 1994), 228.

32. Umberto Eco, *Travels in Hyperreality: Essays*, trans. William Weaver (New York: Harcourt Brace Jovanovich, 1986), 7.

33. 游客只要买了门票就可以一个展览接一个展览地游览，无需支付额外的费用，也不受时间限制。尽管游客众多，不贵的餐厅和舒适的站点很充足，且管理得很好，在平静的气氛中点缀着"无意识的"娱乐活动，人们不会感到拥挤和厌烦。参见：Berleant, "The Critical Aesthetics of Disneyworld," in *Living in the Landscape: Toward an Aesthetics of Environment* (Lawrence: University Press of Kansas, 1997), 41-57。

34. 有些对于博物馆（包括美国博物馆协会）的定义规定了博物馆的非营利性。

35. 美国大屠杀纪念馆既是纪念馆，又是博物馆，它是全世界博物馆的一个典范，它的建筑师和设计师也因新展览而大受欢迎。

36. 这是一个支持复制品的论点，它忽略了一个事实，即根据定义，复制品是以一件真实实物为参照而制成的，若是没有这一参照，复制品的价值就会被削弱。例如一件伦勃朗画作的电子复制品，如果原作已不存在，那么复制品就变得毫无意义。因此，无论复制品工艺多么精湛，它都永远不能替代原作，即便它可以替代原作，它将失去历史意义。

37. 博物馆工作人员有时会进行独创性研究，他们应该像在正规教育机构工作的人们一样，得到同等的关注和奖励。

38. André Malraux, *Museum without Walls (Le Musée Imaginaire)*, trans. Stuart Gilbert and Francis Price (New York: Doubleday, 1967).

6 博物馆道德:公仆的美好生活

1. Schactel, *Metamorphosis: On the Development of Affect, Perception, Attention and Memory* (New York: Basic Books, 1959), 83 ; Keller, *Reflections on Gender and Science* (New Haven, Conn.: Yale University Press, 1985), 120.

2. 因实物的角色或地位之缘故,责任可能属于个人,但这不同于个人人性 (例如尊敬父母) 的责任。总的来说,道德和义务只在指定的人身上,其他人都是其受益者。虽然非人类的事物可能会对人类造成伤害,但我们并不认为它们应受道德谴责。在西方的世俗文化中,我们也不会把美德赋予非人类事物,无论它们对我们有多好、多有用。人类对于非人类事物所担负的责任很少被描绘成互惠的。

3. 知识渊博的生态学家认为,跟其他物种相比,人类没有更大的利益诉求,更不要说霸权了。当然,这并不是说人类应该有更少的诉求或服从于其他物种。

4. 那些将道德理解为感知能力的人,排他地把道德归因于理性。这变相表明妇女、儿童、弱者和精神无能者缺乏道德判断能力,因此对于他们来说,家长的权威性是合法的。当然,这并不是说他们应当受到家长的虐待,只是在道德层面,他们需要做的就是服从。

5. 克里斯托弗 · D. 斯通认为,法律权利应该扩展到保护财产权之外的权利。斯通甚至暗示,它们 (树木、河流) 或许应对错误委员会负责,它们如何通过保护人或委托人作为中介,来偿付它们所伤害的人。参见: Stone, *Should Trees Have Standing?: and Other Essays on Law, Morals, and the Environment* (Dobbs Ferry, N.Y.: Oceana Publications, 1996)。作为合法机构,博物馆确实有责任和义务,但博物馆的道德地位尚未明确。

6. 在 1994 年的《博物馆道德准则》中,美国博物馆协会承认:“博物馆道德的独特之处在于它对实物、标本以及活态藏品的所有权、照管权和使用权。藏品管理工作需要较高水准的公共信任,并赋予它合法的所有权。”参见: *Code of Ethics for Museums* (Washington, D.C.: American Association of Museums, 1994), 8。

7. 博物馆特别容易受到伤害,诸如不稳定的、具有法律约束力的遵嘱处理要求,长期以来董事会的决策,以及已经过时的毫无意义的目的。

8. 在民主社会,一般较大的社区通常会因私人、个体欲求的满足而繁荣。

9. "道德不连续性"采自托马斯·内格尔的文章"Ruthlessness in Public Life," in *Public and Private Morality*, ed. Stuart Hampshire (New York: Cambridge University Press, 1978), 75-91。内格尔特别关注私人生活和公共生活的区别:"机构不是人,它没有私人生活,且通常不会完全吸收其占有者的生活。公共机构通常服务于比特定个体或家庭更大的目标,倾向于追求大众的利益 …… 公共行为在许多参与者和附属机构中传播,在决策和执行上存在劳动分工的情况,所有这些导致了结果主义道德和行动主义道德之间的差异。这两种类型的道德约束在公共生活中的表现不同,两者都采用了更多非个人的形式。"

10. 可疑的是,所有的情况都被详细阐明,以至于除了直接参与的代理人和受他们影响的人之外,再没有其他人受到影响,没有人完全独立于社会环境而行动。然而,经典道德理论通常把道德行为看作是独立的、与背景无关的,因而强调直接的和及时的个人责任。在专业语境下,个人行为所产生的影响通常是间接的和不可立即被识别的。

11. 关于"专业",参见第 3 章注释 8。

12. 专业的工作应该有足够的报酬,这应该与工作者所接受的强化训练和其所完成工作的价值相匹配。不过,确保报酬不是职业道德准则的功能。

13. 国际博物馆界及其代表组织 ICOM,也已明确制定了一套道德准则 ——《国际博物馆协会章程》和《博物馆职业道德准则》(1990),这与美国博物馆协会的准则是相协调的。简便起见,我集中讨论美国博物馆协会的准则。

14. *AAM Code of Ethics for Museum Workers* (New York: 1925); reprinted in *Museum News 52* (June 1974): 26-29.

15. 1996 年美国博物馆协会组织召开"偷来的艺术品"专题会议,与会人员一致认为,非法获取和非法交易违禁艺术品的问题依然很严重。发言人主要关注的是立法和执法的问题,而非道德范畴之外的问题。会上还对从大屠杀受害者那里掠夺来的艺术品的登记问题进行了争议,这表明此类问题仍待解决。另请参见:Alexander, *Museums in Motion*, 241。

16. Douglas J. Preston, *Dinosaurs in the Attic: An Excursion into the American Museum of Natural History* (New York: St. Martin's Press, 1986); Thomas Hoving, *Making*

the Mummies Dance: Inside the Metropolitan Museum of Art (New York: Simon and Schuster, 1993); Aline B. Saarinen, *The Proud Possessors: The Lives, Times, and Tastes of Some Adventurous Art Collectors* (New York: Random House, 1958).

17. "Museum Ethics," report printed in *Museum News 56* (March-April 1978), reprinted as a pamphlet in 1978 by AAM, Washington, D.C.

18. 这一发现使得我与福柯理论评论者的意见相左。他们把博物馆看作社会监督与控制的工具,我不否认博物馆具有实质性意见带头人的作用 (与其他教育机构相似),但是,我相信,博物馆内部的道德准则与博物馆行使公共权力的关联很小。博物馆内部的相册不一定对外公开。

19. *Museum Ethics* (Washington, D.C.: AAM, 1978), 11.

20. 价值理论哲学家们之间有一个相互关联的信念,即最优道德判断肯定是由一个公正、独立的观察家做出的,它只受原则的指导,位于一个今晚复健科许多规范的"无知之幕"的后面。同样地,在审美语境中,批评家也必须要公正廉洁地对待他所鉴赏的对象。另请参阅第 5 章中有关冷静体验概念的讨论。鉴赏的对象。

21. 许多人希望博物馆在诸如民权、种族主义、性别歧视和环境破坏之类有争议的问题上坚定立场。博物馆领导人给出的普遍回应是,对某种立场尤其是作为其代表的激进主义的承诺,将是对客观理性的背叛,也是对博物馆所特有的理想主义的背叛。

22. 斯蒂芬·E. 魏尔是第一个探究美术馆法律和道德特性的人,他在 1982 年指出,美国的许多博物馆既不是严格意义上公众的,也不是严格意义上私人的,它们是"慈善"机构"第三部门"的一部分,"不以营利为目的,致力于为大众服务"。尽管它们有庞大的资源,但不受公共责任的保护。参见:"Breaches of Trust, Remedies and Standards," in Weil, *Beauty and the Beasts*。

23. Giles W. Mead, introduction to *Museum Ethics*.

24. 这些报告是由该行业的附属委员会编制和修订的,与美国博物馆协会制定的《博物馆道德准则》(1994) 一起发行。博物馆政策与联邦、州和地方法律政策相关联。

25. 在《美女和野兽》中,魏尔引用了一些例子,比如 1982 年在法院监督下哈丁博物馆的关闭,当时它的财产被移交给了芝加哥艺术学院, 1973 年大都会美术馆通过谈判制定了藏品出售办法。

26. 参见:Robert MacDonald, "Ethics: Constructing a Code," *Museum News* (May-June

1992): 62-65。社区里的人们强烈指出，销售物品的收益应该只用于藏品的开发，不该用于博物馆的一般维护和运营，因为以物品为中心的运营模式会危及博物馆的生存。虽然这是一个经济策略的问题，但资金如何分配的难题却阻碍了博物馆的发展。

27. 参见我在第 3 章对这种关系的讨论。

28. 政府也支持这些教育项目。参见：Mary Ellen Munley, *Catalysts for Change: The Kellogg Projects in Museum Education* (Washington, D.C.: Published in conjunction with the AAM, 1986)。

29. Neil Harris, “Polling for Opinions,” *Museum News* 69, no. 5 (September-October 1990): 46-55.

30. Theodor Adorno, “The Valery Proust Museum,” in *Prisms*; Walter Benjamin's autobiographical “Unpacking My Library,” in *Illuminations*; *Museum Culture: Histories, Discourses, Spectacles*, ed. Daniel J. Sherman and Irit Rogoff (Minneapolis: University of Minnesota Press, 1994); “Quatremere/Benjamin/Marx: Art Museums, Aura, and Commodity Fetishism”; Sherman and Rogoff, 123-43; Peter Vergo, ed., *The New Museology* (London: Reaktion Press, 1989).

31. Douglas Crimp, *On the Museum's Ruins* (Cambridge, Mass.: MIT Press, 1993).

32. 艺术家向博物馆保守主义发起了挑战，他们用讽刺性的装置拙劣地模仿传统的博物馆展览。比利时概念艺术家马塞尔・布达埃尔于 1968 年建立了一个完全虚拟的博物馆。参见：Crimp, “This is Not a Museum of Art,” in *On the Museum's Ruins*, 200-234。另请参见：Benjamin H. D. Buchlow, special issue of *October* on Broodthaers, no.42 (fall 1987)。

33. 准则中的会员承诺实际上并没有在规定的日期生效，推迟了至少一年。参见：*Aviso* (December 1991): 3。

34. MacDonald, “Ethics: Constructing a Code,” 65.

35. 最著名的案例是 1989—1990 年的一个展览（“Robert Mapplethorpe: The Perfect Moment”）。

36. 1990 年 11 月 16 日布什总统签署总统令，将 H.R.5237 纳入法律 (25 U.S. Code 3001 et seq.)。该项法案的重点是：有关美国原住民的遗骸、葬礼用品、圣物和祖传文化遗产的事项，都要通过利益相关的各方协商一致予以确定。联邦政府资助的博物馆和联邦机构须提供所拥有的此类藏品的清单，并且这份清单要通过由博物馆专家、科学家和原著民代表组成的委员会的审查。尽管期间也存在分歧，但博物馆和部落代表长达5年的对话，最终形成了良好的合作关系，揭示了复杂的伦理层面的问题，这在很大程度上促进了双方的互相尊重。

37. 1994年的《道德准则》明确包括那些打着博物馆名号的“非收藏机构”，它们将“借来或捏造”的非自有实物用作“研究、展览和邀请公众参与项目”的基础。参见：*Code of Ethics for Museums*, 3。

38. *Code of Ethics for Museums*, 1994; Marie C. Malaro, *Museum Governance: Mission, Ethics, Policy* (Washington, D.C.: Smithsonian Institution Press, 1994).

39. “仿真”不是“假装”保留隐藏的真实联系，而是完全脱离事实，抹除真的或假的代表，并竖立一个乌托邦式的形像。参见：Jean Baudrillard, *Simulacra and Simulation*, trans. Sheila Faria Glaser (Ann Arbor: University of Michigan Press, 1994), 6。

40. “19世纪真正的革命，即现代性，是对表象世界觉醒的彻底摧毁，是其对诠释历史暴力的放弃”。第二次革命，即后现代性，分析是其武器，但最终毁于它过度的自我和冷漠。参见：Baudrillard, “On Nihilism,” in *Simulacra and Simulation*。

41. 美国博物馆协会于1994年制定的《博物馆道德准则》中指出：“忠诚于博物馆使命及其所服务的公众是博物馆事业的本质，无论是无偿的还是有偿的。在利益冲突中，也务必要忠诚。”参见：*Code of Ethics for Museums*, 4。

42. 正如禁止那些随意扰乱人们判断的行为一样，对于博物馆和剧院而言，也应该禁止煽动骚乱或制造伤害等过分的感情用事。

43. 当然，一般合法的公司确实会虚构一个获取收益的人，并承担公司创办人明显不能承担的责任。这是为了把道德责任从个人身上移开，而并非宣布关于道德责任认定的明确的制度。

44. 意向性并不总意味着意识。一个棒球投掷动作或一个舞蹈动作，都能显示出一种由机构描述的意图，并且该机构还赋予这个动作以特定的含义。在可识别的情况下，这个动作便表达出其特定的含义。在机构框架内活动的代理人（通过移动手臂）是有意识的；然而，执行机构目标的代理人并不清楚这一意图。这种可能性被那些从事大规模环境破坏的机构充分利用了。这些都是由那些“不知道自己在做什么”的低层次参与者执行的，他们都是第一次受到这种影响。家庭、教堂和国家，都是通过个体代理人来实现他们的意图的，这些人都没有相关的意图，自觉或不自觉地参与行动。

45. 机构的自然属性本质上与哲学家约翰·洛克所说的“第三品质”（比如美）不同。洛克认为，后者是人的主观体验，与洛克主义的品质不同，博物馆制造的品质完全是由博物馆的权威打造的，并且这种品质常被强化。

46. 博物馆馆长及其他工作人员在获得荣誉的同时，应当对他们所制作的展览承担责任。以前，这里是“博物馆声音”与匿名的权威交谈的地方，现在许多发言人都希望他们的声音被人们听到。许多博物馆都采用了一种命名展览制作人的策略，并告诉公众，博物馆展览是不可靠的个人判断的产物。具有讽刺意味的是，这么做削弱了博物馆公信力，也没有增强公众对个体策展人和展览制作人的尊重。有关分配管理责任之可行性的争议，把人们的注意力转向了博物馆工作的集体性质，以及博物馆的机构道德特征。参见：Alfred F. Young, “A Modest Proposal: A Bill of Rights for American Museums,” *Public Historian* 14, no. 3 (summer 1992)。

47. 这个展览通常把这些人展示在前面：画像中不知名的仆人和奴隶、看不见的博物馆警卫和工作人员，他们往往属于下层人。这个展览还展示了鞭挞柱和镣铐，它们是那个时期常用的家具和手工制品。

48. 只加强博物馆工作人员的个人权利和义务，还不能实现整改。这些权利不应该受到机构命令或自我审查的伤害，但是消除这类风险并不能彰显博物馆展览的美德，也不能确保博物馆的优秀品德。

49. *Excellence and Equity: Education and the Public Dimension of Museums* (Washington, D.C.: AAM, 1992).

50. Pearce, *Museums, Objects and Collections*, 264.

7 博物馆和教育

1. Introduction, *Patterns in Practice: Selections from the Journal of Museum Education* (Washington, D.C.: Museum Education Roundtable [MER], 1992).

2. Tony Bennett, *The Birth of the Museum: History, Theory, Politics* (London and New

York: Routledge,1995), 146.

3. 我把无意识的体验排除在外。毫无疑问,这样的体验是由个人形成的,但是从定义上来看,它们并非随着教育的意图被传递或接受。

4. Carol B. Stapp, "Defining Museum Literacy," 与"后记"均被重印,参见: *Patterns in Practice*, 112. Pierre Bourdieu and Alain Darbel, with Dominique Schnapper, *The Love of Art: European Art Museums and Their Public* (Stanford, Calif.: Stanford University Press, 1990)。

5. "Object Knowledge: Every Museum Visitor an Interpreter," *Roundtable Reports* 9, no.1 (winter 1984): 5-9; reprinted in *Patterns in Practice*, 102.

6. 关于博物馆的意图,我的结论在这里得到了证明。遗憾的是,在这家博物馆藏品被大规模返修之后,展厅被重新布置,其中一部分展品被相关视频所取代。

7. Fred Schroeder, "Designing Your Exhibits: Seven Ways to Look at an Artifact," Technical Leaflet 91, ASLH, *History News* 31, no. II (November 1976). 九种"阅读"物质实体的典范途径: (1) 艺术史 (2) 象征主义 (3) 文化史 (4) 环保主义 (5) 功能主义 (6) 结构主义 (7) 行为主义 (8) 民族性格 (9) 社会史这其中的任一途径都可能产生一种对既定对象的"阅读",这些途径代表了平行的分类系统,在抽象程度上大致相当。这与施罗德的类型学不同。参见: Thomas J. Schlereth, *Material Culture Studies in America* (Nashville, Tenn.: ASLH, 1982), 32-72。

8. Elsa Feher and Karen Rice, "Development of Scientific Concepts through the Use of Interactive Exhibits in a Museum," *Curator* 28, no.1 (1985): 35-46; Minda Borun, "Naive Notions and the Design of Science Museum Exhibits, *Journal of Museum Education* 14, no.2 (spring-summer 1989):16-17; Borun, ed., *What Research, Says about Learning in Science Museums* (Washington, D.C.: Association of Science and Technology Centers, 1990).

9. Howard Gardner, *Frames of Mind: The Theory of Multiple Intelligences* (New York: Basic Books, 1985). See also Jessica Davis and Howard Gardner, "Open Windows, Open Doors: Museums and the New Thinking about Individually Centered Learning," *Museum News* 72, no. 1 (January-February 1993):34.

10. James Clifford and George E. Marcus, eds., *Writing Culture: The Poetics and*

Politics of Ethnography (Berkeley and Los Angeles: University of California Press, 1986). 克利福德描述人类学家马林诺夫斯基坐在帐篷里的小桌旁，小心翼翼地拿着一张照片，进行写作。克利福德试图使“文本的写作”妖魔化，而这是人类学家的一种奇怪的“书写文化”。在这种情况下，博物馆扮演着重要的角色。

11. James Clifford, “Four Northwest Coast Museums: Travel Reflections,” in Karp and Lavine, *Exhibiting Cultures*. I take the terminology of *minority museum* from this source.

12. Nancy J. Fuller, “The Museum as a Vehicle for Community: The AkChin Indian Community Ecomuseum Project,” in Karp, Kreamer, and Lavine, *Museums and Communities*, 328. 按照菲莱的说法，“生态博物馆”概念是法国博物馆学家乔治·亨利·里维埃提出的，他强调了所在地的文化意义，博物馆应该服务并融入当地社会。

13. “Creating a Dialogic Museum: The Chinatown History Museum Experiment,” in Karp, Kreamer, and Lavine, *Museums and Communities*, 320.

14. Lyndon Johnson’s Great Society 项目所提供的资金可能对学校有帮助。参见：The *Elementary and Secondary Education Act* of 1965。

15. 1966 年夏天，史密森学会教育和培训负责人查尔斯·布利泽召集了一个著名的团体到佛蒙特州。参见：*America's Museums: The Belmont Report* (Washington, D.C.: AAM, 1969)。另请参见：Eric Larrabee, ed., *Museums and Education* (Washington, D.C.: Smithsonian Institution Press, 1968)。

16. 国家捐赠基金会成立于 1965 年。参见：*National Foundation on the Arts and Humanities Act*, 20 U.S. Code, par. 951ff。

17. 这一期刊最初是一份志愿者事业，1985 年更名为 *Journal of Museum Education*。如今，该期刊的背后已经有了专业的编辑和设计团队了，主办方“博物馆教育圆桌会议”已经出版了几本书，在博物馆界占有越来越重要的位置。参见：*Patterns in Practice: Selections from the Journal of Museum Education*(Washington, D.C.: MER, 1992.)。 参阅第 6 章关于专业主义的讨论。

18. 博物馆的税收免除政策和许多基金会的资助，都依靠博物馆的教育功能，这一主张不是偶然的。按照基金会奖项的指导方针，资金接受者必须提供其教育使命的相关证据，参见：*Elementary and Secondary Education Act*。近十年内，授权机构还需要通过正式的程序来评估教育项目，因此，专业的评估员框架也出现了。

19. "Excellence and Equity: Education and the Public Dimension of Museums," report of the AAM Task Force on Museum Education, *Journal of Museum Education* 16, no. 3 (fall 1991): 3-17.

20.1846 年的国会法案通过了成立史密森学会的决定，这一举措为图书馆、博物馆和画廊提供了帮助。

21.Joel J. Orosz, "Disloyalty, Dismissal, and a Deal: The Development of the National Museum at the Smithsonian Institution, 1846-1855," Museum Studies Journal 2, no.2, (spring 1986). 另请参见：Gary Kulik, "Designing the Past: History-Museum Exhibitions from Peale to the Present," in *History Museums in the United States: A Critical Assessment*, ed. Warren Leon and Roy Rosenzweig (Urbana: University of Illinois Press, 1989)。

22. Danielle Rice, "Our Work Is Good for People," in *Patterns in Practice*, 55.

23. *Smithsonian Institution Annual Report for 1897*, pt. 2 (Washington, D.C.: 1901), 转引自 Alexander, *Museums in Motion*, II。

24. "The Idea of an Art Museum," in Lee, *Past, Present, East and West*.

25. 这些教育方针主要是针对学校的，它们与博物馆教育的共性在于它们强调实体物品的使用，尤其是日常生活的材料。因此，好的学习环境并不需要昂贵的设备，而是一个使学生们受到鼓励，并满足其好奇心的地方。

26. 这场运动，是对实证论行为主义的反应，和它的前任一样，也是经验主义导向的，但它拒绝了激进的洛克式的观点。

27. 由于受到冷战竞争的刺激，科学家们在二十世纪五六十年代将重点转向了小学和中学教学。科学家们对否认客观现实几乎毫无耐心，他们也没有对即将到来的自然法则的分级语境做好准备。

28. 这些人当中的有许多志愿者和讲解员，这导致她们声望低下。她们常常被当作累赘，随着时间的推移而被看成"蓝头发"女士、妻子和母亲，尽管博物馆非常需要她们的服务，但她们并没有特别的职业。参见：Bloom et al., *Museums for a New Century*, 61。

29. 20 世纪 50 年代之前，关于游客的研究很少。参见：George E. Hein, *Learning in the Museum* (London and New York: Routledge, 1998)。至于其当代形态领域的先锋们，参见：Chandler G. Screven, *The Measurement and Facilitation of Learning in the Museum*

Environment: An Experimental Analysis (Washington, D.C.: Smithsonian Institution Press, 1974)；Harris H. Shettel, "An Evaluation of Existing Criteria for Judging the Quality of Science Exhibits," Curator II, no.2 (1968):137-153；"Exhibits: Art Form or Educational Medium?" *Museum News* 52, no.1 (September 1973): 32-41；Robert Lakota, *Techniques for Improving Exhibit Effectiveness* (Washington, D.C.: Smithsonian Institution Press, 1976)；Minda Borun, *Measuring the Immeasurable: A Pilot Study of Museum E ffectiveness* (Philadelphia: Franklin Institute, ASTC, 1977)。

30. 约翰·霍尔特的非正式演讲，参见："To Realize Our Museums' Full Potential," *Patterns in Practice*, 39。

31. Danielle Rice, "Implications for Museum Educators," *Patterns in Practice*, 43.

32. Bloom et al., *Museums for a New Century*, 11.

33. Carol B. Stapp, "Internal Growth," *Patterns in Practice*, 47.

34. *Journal of Museum Education*14, no. 3 (fall 1989): 11-13, reprinted in *Patterns in Practice*, 60.

35. 当公立和私立机构开始资助博物馆的科学教育时，"非正规教育"取得了一定的认可。一名基金会的官员赞扬科学教育方面的改革，他写道："传统的'牢房铃声'系统（限制学生在教室里待50分钟，然后催促他们到另一间教室）正在被一种更灵活的学习环境所替代，后者允许思想结合实践。这些新环境是在学校内外创造出来的，这使知识变得活跃，是学习科学的巨大动力。"参见："Learning through Science Education Partnerships," *Pre-College Science Education Initiative for Science Museums*, Howard Hughes Medical Institute, Directors Meeting Proceedings, 1994。

36. 然而，偏见依然存在于文字的魔力之中。为了避免"丑小鸭"在其工作申请中提及"教师"，美国博协的出版物 *Aviso* 在其"教育管理员"职位的标题下发布广告。

37. 洛杉矶盖蒂艺术教育中心，1986年。

38. "A Study of Learning in Australian Science Centers," *Journal of Museum Management* 13, no. 3 (September 1995): 317-325.

39. Doering, "Strangers, Guests or Clients?"

40. D. L. Chandler, *Boston Globe*, April, 1996, 33-34.

41. *Patterns in Practice*, 55.

8 博物馆的审美维度

1. 当然,商业市场的经纪人是其中最明显的。博物馆和其他中介机构有交集,在某些实践中与他们融合,但是它们仍然是不同的实体。

2. 苏珊·M. 皮尔斯指出,通常博物馆物品会经历两次被选择。第一次是个人出于其个人缘由而选择;第二次是博物馆的选择。两次选择的过程之间没有必然的联系。参见:Pearce, *Museums, Objects, and Collections*。

3. 人们有许多收藏的理由,审美愉悦总会是其中之一。然而,一定不能将审美愉悦与艺术品鉴别相混淆。参见:Nathaniel Burt, *Palaces for the People: A Social History of the American Art Museum* (Boston: Little, Brown, 1977)。皮埃尔·布尔迪厄认为,在艺术品特性方面,博物馆是主要的评判者之一,博物馆还负责修复艺术品并延续其所代表的文化。参见:Bourdieu, *Distinction: A Social Critique of the Judgement of Taste*, trans. Richard Nice (Cambridge, Mass.: Harvard University Press, 1984);Bourdieu and Alain Darbel, with Dominique Schnapper, *The Love of Art: European Art Museums and THeir Public*, trans. Caroline Beattie and Nick Merriman (Stanford, Calif.: Stanford University Press, 1990)。

4. 瓦尔特·本雅明写道:“通过收集,具有决定性意义是,使物品与其同类物品建立尽可能亲密的关系,并且,这件物品被从它所有的原始功能中释放出来。”转引自一个条目,参见:file “H” of Benjamin's Passagen-Werk, vol.I (Frankfurt am Main, Suhrkamp, 1982), 280。讨论载于:“This is Not a Museum of Art,” in Crimp, *On the Museum's Ruins*, 203-205。

5. 通过满足需求和奢侈的消费,共享文化被赋予了共享的特质。“想想四五十年前的纯银制烟盒吧,现已不再有,可是还没有被加入奇异柜中,而是躺在阁楼上,等待被判定为一个有价值的古物或一块有分量的银子”。参见:Mary Douglas and Baron Isherwood, *The World of Goods: Toward an Anthropology of Consumption* (London: W. W. Norton, 1979), 99。

6. 参见:Weil, “On a New Foundation”。

7. 我理解的审美旨趣,指的是一种基于初步印象的欣赏判断,传统上称之为“品味”,

即人们依照复杂的情感、认知和社会凝聚力对事物进行认知处理。关于艺术品审美鉴定的讨论，参见：Arthur Danto, *The Transfiguration of the Commonplace* (Cambridge, Mass: Harvard University Press, 1981), and the corpus of works by Joseph Margolis, especially *Culture and Cultural Entities: Toward a New Unity of Science* (Hingham, Mass.: Kluwer Academic Publishers, 1984), and *Art and Philosophy: Conceptual Issues in Aesthetics* (Atlantic Highlands, N.J.: Humanities Press, 1980)。

8. 对于平面设计师和图像制作者来说，"营造氛围"是一个熟悉的概念，尽管有时会遭受线性导向的知识分子的质疑，被公众所忽视，不过公众还是要屈服于氛围的影响。

9. 柏拉图式的理想主义在这里肯定很有效，它为博物馆标志性的地位赋予了纯净的理想，弱化了其物质性和实用性，暗示一切事物都是优良美好的。

10. 阿瑟·丹托指出了神圣光环的衰败现象，以前著名的博物馆建筑，自 20 世纪 60 年代以来，"衰弱复衰弱的沉积"状态出现了。参见：Danto, *Beyond the Brillo Box: the Visual Arts in Post-Historical Perspective* (New York: Farrar Strauss Giroux, 1992)。

11. 哲学教授伊顿通过三种方法来区分审美和非审美：

(1) 心理学方法；(2) 认识论方法；(3) 逻辑学方法。

参见：Eaton, *Aesthetics and the Good Life* (London and Ontario: Associated University Presses, Fairleigh Dickinson University, 1989)。

12. 比尔兹利认为，博物馆及其他教育机构担负有保护平等的"审美福利"的社会责任，此项福利在《世界人权宣言》第 27 条得到认可："每个人都有权利自由地参加社会的文化生活，享受艺术，并分享科学进步及其收益。"参见：Beardsley, "Aesthetic Welfare, Aesthetic Justice, and Educational Policy," in *Public Policy and the Aesthetic Interest: Critical Essays on Defining Cultural and Educational Relations*, ed. Ralph A. Smith and Ronald Berman (Urbana: University of Illinois Press, 1992)。

13. Burt, *Palaces for the People*, 15.

14. Bourdieu, Distinction: *A Social Critique*.

15. "The Aesthetic Point of View," in *The Aesthetic Point of View: Selected Essays*, ed. Michael J. Wreen and Donald M. Callen (Ithaca, N.Y.: Cornell University Press, 1982), 22.

16. 博物馆的设计是为了集中注意力，消除其他所有的干扰 (和乐趣)，以产生比尔兹利所要求的："外面的世界不必进来，所以窗户通常被封闭起来；墙面被刷成白色；天花板成了光线来源……艺术是自由的……'开启它自己的生活'。"参见：O'Doherty, *Inside the White Cube*。对这种简约博物馆样式的批评，参见：Carol Duncan and Alan Wallach, "The Museum of Modern Art as Late Capitalist Ritual: An Iconographic Analysis," *Marxist Perspectives* I, no. 4 (winter 1978):28-51。17. 问题是，有些人确实从思考和执行残忍暴行的邪恶行为中获得了剧烈的审美快感。无论他们的审美纯度如何，这些都不能作为范例，必须在道德和审慎的基础上加以限制。

18. John Dewey, *Experience and Education* (Toronto: Macmillan, 1963, 1969), 38.

19. Dewey, *Art as Experience*, 349.

20. Arendt, *The Human Condition* (Chicago: University of Chicago Press, 1958).

21. 一些当代的艺术理论，尤其是受到阿瑟·丹托影响的，认为艺术概念本身是历史的，必定要涉及艺术史。根据这一理论，美术馆在逻辑上不可能忽视艺术史，美术馆坚持认为美学品质可独自被视为艺术品的选择标准。参见：Danto, "The Artworld," *Journal of Philosophy 6* (1964): 571-584。有关艺术品和笑话之间的类比的讨论，参见：Ted Cohen, "Jokes," in *Pleasure, Preference and Value: Studies in Philosophical Aesthetics*, ed. Eva Schaper (Cambridge: Cambridge University Press, 1983)。

22. 例如在一家美术馆里，典型的前景设置可能算是博物馆式的缺陷，一定会导致其变得平庸，但其他博物馆的说教需求是由这些典型和非典型的标本来提供的。

23. 柏拉图非常理解美学的激励力量，他非常愿意把音乐的情感力量用于年轻人的教育 (Book 2．3)，以及激发年轻人军事表演的激情。

24. 语言学家肯尼思·派克创造了术语"位的"和"非位的"，分别用于指称一个社团里的用户所遵循的实务规范，并从一个观察者的科学角度对这些规范和类别进行了理论分析。一些博物馆会从两个角度对展品进行展示。马文·哈里斯展示了双重用法如何避免混淆"客观"和"主观"判断，并指出，一个从业者可以客观地观察实务规范，而观察者并不能自动地摆脱主观性。参见：Harris, *Cultural Materialism: The Struggle for a Science of Culture* (New York: Random House, 1979)。

25. "Narrative and Style," Journal of Aesthetics and Art Criticism" (summer 1991), reprinted in *Beyond the Brillo Box*. 在比较两种艺术风格时，博物馆可能会仅仅遵从历史的兴趣，不会把重点放在由展品所激发的审美体验上，也不会像自然历史博物

馆展示那些生物标本时所做的那样。

26. 雅克·德里达引用了本雅明对玻璃的介绍：玻璃“没有光环”，是一种“冰冷而简洁的材料”，是“秘密的敌人”和“占有的敌人”。在本雅明的文章里，提出一种“新的贫困”：“流浪的穷人群体，实际上是‘无家可归的人’…… 这应该是‘我们的’未来，已经成为我们的现在。”参见：Derrida, “Letter to Peter Eisenman”, 转引自 Stephen David Ross, *Art and Its Significance: An Anthology of Aesthetic Theory*, 3d ed. (New York: SUNY Press, 1994)。

27. 麻省理工学院材料科学教授西利尔·斯坦利·史密斯是这一方面的杰出支持者，他不仅认为技术对科学有很大的促进作用而不是相反的影响，而且认为技术本身会受到审美好奇的刺激，与受到逻辑或需求的刺激一样。参见：Smith, *A Search for Structure: Selected Essays on Science, Art, and History* (Cambridge, Mass.: MIT Press, 1982)。另请参阅 From Art to Science (Cambridge Mass.: MIT Press, 1980)。

28. 参见：“Great Science Museums,” *Discover* (November 1993): 79-113。十位科学家讨论了他们最喜爱的科学博物馆。多数人回忆起儿时的体验，都描述出带有特别喜好的某些博物馆的美学特点 —— 静谧、剧场的灯光、排列好的空间和博物馆与外部空间的隔离。

29. 参阅第 5 章有关恐龙展的讨论。

30. 从概念上讲，简化的地图、模型、类比和公式，往往比精确的复制品更有助于理解。参见：Jorge Luis Borges's map story, *Labyrinths: Selected Stories and Other Writings* (New York: New Directions, 1962, 1964)。但也有明显的例外，成功的人工合成物品，尽管不是很有说服力的、人们可以理解的证据，但它是相当好的。关于“动手”模型建筑重要性的讨论，参见：*Art Bulletin* (spring 1996)，其中有关于艺术和科学的全部问题。

31. Roald Hoffman, “Molecular Beauty,” *Journal of Aesthetics and Art Criticism (JAAC)* 48, no. 3 (summer 1990):191-204；Hoffman and Vivian Torrence, *Chemistry Imagined: Reflections on Science* (Washington, D.C.: Smithsonian Institution Press, 1993)；Hoffman, *The Same and Not the Same*, George B. Pegram lecture series (New York: Columbia University Press, 1995).

32. 在科学中心，根据管理协会 (ASTC) 章程，成员机构必须“致力于基础科学及其技术应用方面的参与性展览、演示和项目，它们应该使普通公众能够得到自然现象和人工设备的直接体验”。参见：Victor Danilov, *Science and Technology Centers* (Cambridge, Mass.: MIT Press, 1982)。

33. 有关这些区别的讨论，参见：Judith Wechsler, ed., *On Aesthetics in Science* (Cambridge, Mass.: MIT Press, 1981)；McAllister, *Beauty and Revolution in Science* (Ithaca, N.Y.: Cornell University Press, 1996), 48-54。

34. “What’s Going On Here: Exploring Some of the More Elusive, Subtle Signs of Science Learning,” in *Science Learning in the Informal Setting: Symposium Proceedings*, ed. Paul Heltne and Linda Marquardt (Chicago: Chicago Academy of Sciences, November12-15, 1987).

35. Spock, “What’s Going on Here,” 260.

36. Mihalyi Csikszentmihalyi, “Human Behavior and the Science Center,” in Heltne and Marquardt, *Science Learning*；Mihalyi Csikszentmihalyi and Isabella Selega Csikszentmihalyi, *Optimal Experience: Psychological Studies of Flow in Consciousness* (Cambridge: Cambridge University Press, 1988)；Jacob W. Getzels and Mihalyi Csikszentmihalyi, *The Creative Vision: A Longitudinal Study of Problem-Finding in Art* (New York: Wiley Interscience, 1976)；Mihalyi Csikszentmihalyi, *Flow: The Psychology of Optimal Experience* (New York: Harper and Row, 1990).

37. 霍夫曼呼吁人们注意同样的专注：“至于超然，这是一种很好地包括了这一类人的专注，这类人是我所见过的比化学家看分子还要超然的人，他们是黑客或者 Pachinko 玩家。”参见：Hoffmann, “Molecular Beauty,” *JAAC*: 202。

9 结论：转型期的博物馆

1. 所有问题参见：the AAM newsletter, *Excellence and Equity* (winter 1996)。

2. 正如哈姆雷特警告的：“良心确实会使我们都变成懦夫。”

3. 另外一种表述，可参考伊万·卡斯克尔更宏大的描述，他是哈佛大学福格艺术博物馆绘画和雕塑部主管。在一份庆祝该机构 100 周年的文件里，卡斯克尔把策展人描述成“聪明的变色龙”,他们担当“博物馆的视觉巴别塔里的多语种翻译器”的角色。他说,策展人正在发展成为“一种新的艺术学者,他们可以轻松地处理实物和批评理论,熟悉技术分析和艺术史,还得在化学家、保管员、哲学家、历史学家、艺术家、考古学家、人类学家、学生和教育家之间调停”。参见:James Cuno et al., *Harvard's Art Museums: 100 Years of Collecting* (Cambridge, Mass.: Harvard University Museums and New York: Harry N. Abrams, 1996), 157。

4. 博物馆的普及经过了许多阶段,从本质上可以追溯到博物馆的创立初期,并在罗斯福新政时期又提出了政府对艺术的支持举措。参见:Philip D. Spiess II, Terry Zeller, and Wilcomb E. Washburn, “75th Anniversary Memorial Review,” *Museum News 75*, no. 2 (March-April 1996): 38-63。

5. 这一发展的重要组成部分是董事会、工作人员、志愿者和社区的多样化,因为博物馆试图扩大其内部架构和其外延范围。参阅第3章的讨论。

6.Tony Bennett, *The Birth of the Museum: History, Theory, Politics* (London: Routledge, 1995).

7. 其他博物馆也举办了类似宗旨的展览。例如,纽约非洲艺术中心就把展览艺术作为几个展览的主题,这些展览的重点是根据多种学科的、国家的、文化的和个人的角度选取和展示实物的方法。参见:Susan Vogel, “Always True to the Object,” in Karp and Lavine, *Exhibiting Cultures*。

8.Edward T. Linenthal, “Between History and Memory: The *Enola Gay* Controversy at the National Air and Space Museum,” *Bulletin of Concerned Asian Scholars 27*, no. z (April-June 1995):16.

9. 此次展览的最初提议中带有野心勃勃的标题“十字路口:二战的结束、原子弹和冷战的开始”。在展览脚本经历了五次修改、纪录片大部分内容被删除之后,这个展览被重新命名为“最后的行动:原子弹和二战的结束”。展览没有提及战争结束时的情况和后来的核不确定性时代,只是简单地宣称原子弹促成了日本的投降,许多历史学家否定这一说法。

10. 可以将百科全书式的博物馆比作选集,一组文章(或文章的一部分)被集合在一起,而这些文章不是一个单一主题的组成部分。

11. 一家小型民族博物馆的馆长抱怨他的博物馆所面临的一些困难,他的策略是将其分布广泛的每一个“家庭”成员，设定为一个个“局部主人”，并包含在博物馆社群里。他说，这些游客“经常跨过栏杆去触摸地毯（陈列在博物馆里的），好像是在自己家里似的”。参见：Gary Lind-Sinanian, “The Talking Stick: Raising Issues of Diversity,” *NEMA News* 19, no. 4 (summer 1996):11。

12. “体验经济”已经在我们身上发生了，取代了早期的商品和服务经济。经济学家知道，体验是真实的，能够像其他任何可以识别的东西那样被商品化。博物馆有更复杂的目的，但它们不能免除市场的经济压力的影响，目前正在探索适当的应对方式。参见：Joseph Pine II and James H. Gilmore, “Welcome to the Experience Economy,” *Harvard Business Review* (July-August 1998): 97-105。

13. Falk and Dierking, *The Museum Experience* (Washington, D.C.: Whalesback Books, 1992).

14. Randall Kennedy, “Teaching about Law in the Liberal Arts,” in *Focus on Law Studies* II, no. 2 (spring 1996).

15. Hannah Arendt, *The Human Condition* (Chicago, University of Chicago Press, 1958).

16. 二十世纪六七十年代的教育评论家们，把那些属于显式学习状态的明显的、有意的方法，和那些秘密的、无意地被学校当局引入，并且通过学习状况来表达的方法进行了区分。“隐性课程”对学习者是完全隐瞒的，因此他们会毫无抵抗地接受。

17. 当然，也有教学博物馆，通常附属于大学或其他学习机构，这些博物馆往往会列有正式的教学日程表。然而，即便是这些机构，也给教学功能增加了一个维度，这超出了主体机构能够提供的范围，最好的能够独立于该机构之外，来满足游客的兴趣。